Martin-Luther-Universität Halle-Wittenberg

Philosophische Fakultät III – Erziehungswissenschaften

Institut für Pädagogik

„Allgegenwart von Liebe? Das Problem der Ubiquität

zwischen Theologie und Pädagogik."

BACHELORARBEIT

eingereicht von: Jörg Anschütz

Rennbahnring 44, 06124 Halle

anschuetz1@aol.com

Studiengang: BA Erziehungswissenschaft 90

Matrikelnummer: 209205640

Erstgutachter: Dr. Daniel Straß

Zweitgutachter: Prof. Dr. Michael Domsgen

Semester: WS 2013/2014

Abgabedatum: 29.04.2014

Inhaltsverzeichnis

Gliederung

1 Vorschau

Zwei bezeichnende Fragestellungen von Kerstin Jergus sollen zunächst einen Einstieg aus pädagogischer Sicht ermöglichen:

„Werden nicht je verschiedene Liebessemantiken aufgerufen, je nachdem, ob Liebe und Verliebtheit hinsichtlich ihrer anthropologischen Bedeutsamkeit (vgl. Bilstein/Uhle 2007), ihrer figürlichen Qualität (vgl. Kristeva 1989), ihrer unmöglichen Verallgemeinerbarkeit (vgl. Barthes 1984) oder aber ihrer Ubiquität aufgerufen wird?"[1]

„Wie lässt sich verstehen, dass über Liebe und Verliebtheit alles gesagt zu sein scheint, sie zugleich ubiquitäre Thematisierungen erfährt und dennoch jedes Sprechen über Liebe und Verliebtheit eine Einzigartigkeit und Außeralltäglichkeit aufruft?"[2]

Bezeichnend erscheint dem Autor die Verwendung der *alten* theologischen Semantik Ubiquität (lat. ubiquitas; engl. Ubiquity; dt. Allenthalbenheit)[3], da dies hier zum einen ohne jegliche Quellenangabe geschieht, was eine allgemeine Kenntnis der Bedeutung vorauszusetzen scheint und zum anderen dass es eine Geläufigkeit des Begriffs auch außerhalb der Theologie im Zusammenhang mit Liebe und Verliebtheit zu geben vermag, die besonders auch den Theologen bisher so nicht gegeben scheint.

Im Zusammenhang mit Liebe und Verliebtheit scheint die Verwendung der Bezeichnung Ubiquität für Pädagogen wie Jergus möglich, ja sogar erforderlich zu sein.

Kann sie das und in diesem Zusammenhang auch für Theologen sein ?

Zwei bemerkenswerte Einsichten von Oswald Bayer und Benjamin Gleede sollen nun aus theologischer Sicht exemplarisch an der Christologie Luthers einen Einstieg möglich machen:

„Luthers Christologie wurde bisher fast ausschließlich entweder speziell im Kontext des Abendmahlsstreites oder ganz allgemein als Basis seiner Soteriologie und Rechtfertigungslehre bedacht. In welchem Maße der reife Luther diese auf die Idiomenkommunikation und ihre Implikationen zuspitzt, wurde dabei jedoch selten gesehen.(Eine) Untersuchung genau dieser Zuspitzung (...) (eröffnete) so überraschende

---

[1] Zitiert aus: Kerstin Jergus. Liebe ist...Artikulationen der Unbestimmtheit im Sprechen über Liebe. S.11.
[2] Zitiert aus: ebd. S.9.
[3] Vgl. Jörg Baur: Ubiquität. In: TRE. Band 34. Berlin u.a. 2002. S. 224-241.

neue Perspektiven".[4]

„Hoffentlich kann dieser Band etwas dazu beitragen, dass auch im Kontext der modernen Debatte eine –sicherlich kritische- Anknüpfung an die in diesem Band dokumentierte genuine Rezeptionstradition durch Aufnahme der dort eher vernachlässigten sprachphilosophischen Anregungen Luthers möglich wird."[5] Im Zusammenhang der Untersuchung der Christologie Luthers in seiner Zuspitzung als Lehre von der Idiomenkommunikation gewinnt die Bezeichnung Ubiquität für Theologen wie Bayer, Gleede, Baur u.a. aufgrund ‚überraschend neuer' *alter* Perspektiven wieder an Relevanz.

Kann dies und in diesem Zusammenhang auch für Pädagogen so sein ?

Ubiquität, eine Bezeichnung, die nun nicht mehr nur ein Fachbegriff der Theologie ist ? Die diskursanalytische Studie von Kerstin Jergus hat unter Rückgriff auf poststrukturalistische Positionen zu den Artikulationen über Liebe und Verliebtheit das ubiquitäre Erfordernis als einen der Bestimmtheitseffekte der im Sprechen über Liebe und Verliebtheit erzeugt wird ausgelotet und in einen bildungstheoretischen Fragehorizont gestellt.

Eine Arbeitsgruppe um Oswald Bayer, Benjamin Gleede, Jörg Baur u.a. hat unter Rückgriff auf die Christologie Luthers deren Zuspitzung in der Idiomenkommunikation untersucht und dabei die Relevanz der Ubiquität in ihrer Konkretheit und Sprachlichkeit wiederentdeckt und zugleich auf Luthers sprachphilosophische Anregungen aufmerksam gemacht.

Damit stellt Ubiquität einen Begriff dar, der interdisziplinär in den Blick gerät und im Besonderen bedeutsam sein kann für eine gegenseitige Erhellung der Begriffsverwendung in Theologie und Pädagogik.

Forschungsfrage:
In welcher Relation steht ein „Neologismus"[6] Ubiquität, der ursprünglich im

---

[4] Zitiert aus: Oswald Bayer und Benjamin Gleede (Hsg). Creator est Creatura. Berlin u.a. 2007. S. VII.
[5] Zitiert aus: ebd. S.4.
[6] Vgl. ebd. S. 192ff.

Problemfeld der Differenz von da sein und zugleich dort sein von Theologen wie Melanchthon unter Rückgriff auf ontologische Positionen gegen die Christologie Luthers artikuliert wurde, zu dem ubiquitären Erfordernis das Jergus, unter Rückgriff auf poststrukturalistische Positionen im Problemfeld der Unbestimmtheit als einen der möglichen Bestimmtheitseffekte der im Sprechen über Liebe und Verliebtheit in figurierenden Figurationen aufschiebend figuriert wird, ausgelotet hat? Gibt es Phänomene im Sozialen die diese Relation erhellen?

These:

Wenn „nahezu alles anhand und über Verliebtheit und Liebe thematisierbar wird"[7], dann auch Jesus Christus, von dem Baur unter Rückgriff auf Luther sagt: „Die Allgegenwart ist damit neu bestimmt: Sie verwickelt- in Christus –Gott selbst mit der miseria des Weltlaufs"[8]. Diese Verwicklung kann sowohl sprachlich als auch konkret ein mögliches Vorbild für liebevolles Handeln im Sozialen sein, zum Beispiel mit der Einsicht in die Begrenztheit der Erkenntnis des Selbst und des Anderen, in Sprechakten des Verzeihens und durch Achtsamkeit im Handeln.

Ausgehend von den Artikulationen, den „Praktiken des Sprechens"[9], empirisch erfasst durch Interviews in der diskursanalytischen Studie von Jergus im Problemfeld der Unbestimmtheit, soll aus dieser poststrukturalistischen Position heraus gewagt werden, mithilfe dieser möglichen Bestimmtheitseffekte dem ubiquitären Erfordernis nachzugehen und im Sprechen über Liebe dem Menschsein und zugleich Gottsein von Jesus Christus zu folgen, in der theologischen Bestimmung von Baur im Problemfeld der Differenz, die ontologische Position von da sein und zugleich dort sein nun auf dieser Ebene der Betrachtungsart erhellend, mit dem Neologismus Ubiquität dieses Differenzphänomen des Seins diskursiv bezeichnend. Dieser Weg könnte der des Pädagogen sein.

---

[7] Zitiert aus: Kerstin Jergus. Liebe ist...Artikulationen der Unbestimmtheit im Sprechen über Liebe. S.203.

[8] Zitiert aus: Jörg Baur. Ubiquität. In: Creator est Creatura. Berlin u.a. 2007. S. 186-301.Hier S. 201.

[9] Zitiert aus: Kerstin Jergus. Liebe ist...Artikulationen der Unbestimmtheit im Sprechen über Liebe. S.10f.

An dieser Stelle möchte der Autor ausdrücklich darauf hinweisen, dass diese Ebenen der Betrachtungsart auch in umgekehrter Richtung, also von der Bestimmtheit ausgehend, sich auf die Unbestimmtheit einlassend und möglicherweise eine neue Bestimmung entdeckend und erzeugend, beschritten werden können und auch sollten. Dieser Weg könnte der des Theologen sein.

Hier soll es wie beschrieben der Weg des Pädagogen sein und dieser wird in Kapitel 1 empirisch beschreibend und in Kapitel 2 diskursiv besetzend beschritten werden, um daran anschließend in Kapitel 3 Liebe zu benennen und in Kapitel 4 auf der Ebene des Betrachtungsgegenstandes des Sozialen Einsichten in Begrenztheit[10], Sprechakte des Verzeihens[11] und Achtsamkeit im Handeln[12] beispielhaft für die Allgegenwart von Liebe, die so ihr Vorbild auch in Jesus Christus haben können, der damit auch Lerneffekte auszulösen vermag, pädagogisch zu reflektieren.

Methodisch soll dies durch kontrapunktisches Lesen exemplarisch ausgesuchter wissenschaftlicher Texte zur Ubiquität und solcher, in denen das damit Bezeichnete sprachlich gefüllt zu sein scheint, gelingen, d.h. das neben dem Weg des Pädagogen der hier beschritten werden soll, auch der des Theologen immer mit bedacht wird, um die Relation zueinander deutlich und mögliche Differenzen sichtbar zu machen. Ebenso sollen der Philosoph und der Soziologe mit eingebunden werden, damit im Ergebnis die Frage nach der Allgegenwart von Liebe auch in ihren sozialen Phänomenen weitere Erhellung erfahren hat. Mit dieser eklektischen Methode soll interdisziplinäres Geschehen motiviert und einer privilegierten Positionierung in Isolation und Abgeschlossenheit entgegengewirkt werden. Das heißt, Positionierungen in Bezeichnungen dienen dem Autor vor allem, um das Bezeichnete aufzuspüren, um hinter lauter Zeichen das Bezeichnete zu entdecken. Das gilt auch für Jesus Christus, der hier anhand und über Verliebtheit und Liebe thematisiert wird. Diese Suchbewegungen sind nicht ohne Risiko, solange sie nur darauf gerichtet sind, alte sprachliche Setzungen neu miteinander zu verbinden, weil sie sich damit der Chance neuer sprachlicher Füllungen und der Füllung selbst verschließen.

---

[10] Vgl.Judith Butler. Kritik der ethischen Gewalt. Frankfurt am Main 2003.
[11] Vgl.Gerhard Gamm: Nicht nichts. Studien zu einer Semantik des Unbestimmten. Frankfurt a.Main 2000.
[12] Vgl.Elisabeth Conradi: Take Care. Grundlagen einer Ethik der Achtsamkeit. Frankfurt/Main 2001.

2 Durchschau

2.1 Empirische Beschreibungen im Problemfeld der Unbestimmtheit

Hier soll mit Jergus eingestiegen und ihr Weg ein Stück beschritten werden. Ihr analytischer Einsatzpunkt ist zugleich ein Gemeinplatz, der besagt, dass Liebe nicht erklärt und nicht beschrieben werden kann. Diese Unbestimmtheit stellt ein Wagnis für jeden Liebesdiskurs dar, da problematisch bleibt, worüber eigentlich gesprochen wird.[13] Deshalb „wird für die folgenden Darstellungen die Frage danach leitend sein, wie über Liebe und Verliebtheit gesprochen werden kann, welche Figuren aufgerufen, in welcher Weise platziert, verknüpft und gebraucht werden und mit welchen Effekten dies einher geht."[14] Jergus vollzieht diese Darstellungen des Sprechens in zwei Richtungen. Sie interessiert sich einerseits „für die sich als ‚wissenschaftliches Sprechen' etablierenden Artikulationen von Liebe und Verliebtheit"[15] und andererseits führt sie Interviews durch und analysiert diese von ihr empirisch erhobenen Materialien „unter der ebenfalls rhetorisch-diskursanalytisch inspirierten Perspektive"[16]. Für diese Arbeit soll sich auf die Analyse der Interviews beschränkt und die hier von Jergus gemachten Erkenntnisse sollen weiter verfolgt werden. „Gegenüber den Theoretisierungen, die Liebe auf eine Weise figurieren, die diese als ‚unbestimmt' bestimmen, ihr eigenes Sprechen darüber ebenso wie das zugreifende Theorem autorisieren, und damit jeweils erneut auch das Terrain um Liebe und Verliebtheit re-autorisieren, verfolgen meine Analysen die Konstitutionslogik dieses Gegenstandes – der Gegenstand der Liebe wird nicht vorab gesetzt, sondern als ein Signifikant verstanden, der verschiedentlich gefüllt werden kann und muss."[17] Jergus vermutet, „das gerade die Bestimmung der Liebe als unbestimmt (...) einen Fluss der Rede in Gang setzt"[18]. Außerdem weist sie darauf hin, dass „dieses Sprechen selbst als der Unabgeschlossenheit von Figurationen unterliegend in den Blick zu nehmen"[19] ist. Das bedeutet für sie: „Jede Figuration treibt erneut Figurierungen an

---

[13]Vgl.Kerstin Jergus. Liebe ist...Artikulationen der Unbestimmtheit im Sprechen über Liebe. S.119.
[14] Zitiert aus: ebd. S.119.
[15] Zitiert aus: ebd. S.120.
[16] Zitiert aus: ebd. S.120.
[17] Zitiert aus: ebd. S.145.
[18] Zitiert aus: ebd. S.138.
[19] Zitiert aus: ebd. S.144.

(...). Figurierungen lassen sich mithin als Bewegungen der Etablierung von Sinn, d.h. als Verkettungen und Schließungsversuche verstehen, deren Effekte- Figurationen –jedoch erneut auf Figurierungen verweisen, diese antreiben, sie hervorbringen."[20] Sinn lässt sich so nicht endgültig etablieren, ein Signifikant so nicht Sinn-voll füllen. Es gibt *allenthalben* Effekte- Bestimmtheitseffekte – welche die Rede über Liebe und Verliebtheit im Redefluss halten. So wird dieser Redefluss selbst zu einem Erfordernis, dass *allenthalben*- sprich ubiquitär[21]- ist.

An dieser Stelle ein kurzer Einschub des ursprünglichen Schließungsversuches für den Signifikanten „Ubiquität" (lat. ubiquitas; engl. Ubiquity; dt. Allenthalbenheit): „ist die – ursprünglich polemische- Bezeichnung für die Teilhabe der Menschheit Christi und seines Leibes an der Allgegenwart des inkarnierten Sohnes Gottes (Joh.1,14). Weil die Einheit der Person Jesu Christi nicht in der bloßen Hinzunahme (assumptio) des menschlichen Wesens zur unveränderten Gottheit des Gottessohnes besteht, sondern in der Aneignung der Menschheit, der ,die Fülle der Gottheit' (Kol 2,9) mitgeteilt wird, empfängt Christi Menschheit mit der Inkarnation des Sohnes die göttliche Allgegenwart."[22] Gefolgt von einem Bestimmtheitseffekt ausgelöst beim Autor: Hält damit Jesus Christus das Reden von Liebe und Verliebtheit im Redefluss ? Wird er mit diesem Schließungsversuch nicht selbst allenthalben zum Erzählanlass, sogar wenn er selbst namentlich nicht genannt wird ?

Jergus hat das ubiquitäre Erfordernis als einen der Bestimmtheitseffekte, der im Sprechen über Liebe und Verliebtheit erzeugt wird mithilfe der Analyse der von ihr durchgeführten Interviews ausgelotet. „Es lassen sich nun zusammenfassend drei verschiedene Figurationen von Verliebtheit und Liebe ausmachen (...). Eine erste Thematisierungshinsicht stellt Liebe und Verliebtheit als eine ,*Sternstunde*' heraus.(...) Eine zweite Thematisierungshinsicht betrifft die damit im Zusammenhang stehende *Unwägbarkeit* (...). Eine dritte Thematisierungshinsicht lässt sich in der Figurierung von *ubiquitären Anlässen* des Erzählens- hier am Beispiel der Thematisierung des Italienaufenthaltes- finden."[23]

---

[20] Zitiert aus: ebd. S.144.
[21] Vgl. Jörg Baur: Ubiquität. In: TRE. Band 34. Berlin u.a. 2002. S. 224-241.
[22] Zitiert aus: ebd. S.224f.
[23] Zitiert aus: Kerstin Jergus. Liebe ist...Artikulationen der Unbestimmtheit im Sprechen über

Jergus versteht nun diese drei ausgemachten figurierenden Figurationen als heuristische Einsatzpunkte, die in ihrem Zusammenspiel variiert werden „und Verliebtheit und Liebe als einen Gegenstand konstituieren wird, der zum Anlass des Redens wird und werden muss."[24] Erfahrungen von Einzigartigkeit, Außeralltäglichkeit, Unwägbarkeit, Unfassbarkeit, Unbestimmtheit, Allenthalbenheit variieren in ihrem Zusammenspiel im Sprechen über Liebe und Verliebtheit und unternehmen Verkettungen und Schließungsversuche, um Liebe und Verliebtheit als Gegenstand zu konstituieren, als Signifikanten mit Sinn zu füllen. Mit der Vielzahl an Variationen eröffnet sich eine Vielzahl an Figurationen, die figurierend miteinander variierend zusammenspielen wollen und müssen und so ein ubiquitäres Erfordernis im Sprechen über Liebe und Verliebtheit aufrecht erhalten.

Mit Jergus soll dies nun anhand eines ihrer Interviews beispielhaft verdeutlicht werden:
„KJ: dann äh, vielleicht ganz am Anfang, ganz offen, was ist Verliebtheit, was fällt Dir dazu ein, was ist das für Dich? Hast Du ne Geschichte der Verliebtheit- Deiner Verliebtheit oder was auch immer-
R: Jaa-da muss ich erst überlegen.
(...)
R: Mh. Verliebtheit. Jetzt auf die äh-Frau bezogen? Oder allgemein Verliebtheit?
KJ: Na-
R: Man kann sich ja zum Beispiel ähm-ich surfe sehr leidenschaftlich-bin verliebt
KJ: Was, in?
R: Surfen, ich surfe zum Beispiel, ist das auch ne Art der Verliebtheit?
KJ: H-hm. Na erzähl mal! Das find ich spannend."[25]
Auffällig erscheint hier, dass der Interviewte die Frage von Kerstin Jergus nicht sofort beantwortet, sondern zunächst überlegen muss. Schließlich erscheinen ihm zwei Thematisierungsvorschläge gleichwertig; ,die Frau' oder ,allgemein Verliebtheit', aber sofort auch wieder hinfällig, angesichts der ,ich surfe sehr leidenschaftlich-bin verliebt' Erfahrung. Zwei figurierende Figurationen werden hier verschoben, um eine weitere zu thematisieren. Erzählanlass dazu bietet die dem Interviewten bekannte und /oder von

Liebe.S.174.
[24] Zitiert aus: ebd. S. 174f.
[25] Zitiert aus: Kerstin Jergus. Liebe ist...Artikulationen der Unbestimmtheit im Sprechen über Liebe.S.190.

9

ihm erfahrene Verliebtheit, die sich nicht nur dreimal sondern, wie der weitere Verlauf des Interviews zeigen wird, allenthalben thematisieren lässt:

„R: Aber ich glaube, bei-bei Musikmachen, könnte man glaub ich sich genau so gut fallen lassen, oder dann einfach mal, äh, absolut abschalten, in der Leidenschaft.

KJ: H-hm.

R: Das kenn ich, also wir gesagt, aus meinem Freundeskreis, kenn ich diverse Musiker.

KJ: H-hm.

R: Und die haben's mir auch beschrieben, die sind einfach just in the music.

KJ: H-hm. Ja.

R: Und so ist es mit mir auch das gleiche.

KJ: Ja, na, das find ich halt ziemlich spannend.

R: Ja. Ich glaub Musik is äh, Musik und Sport sind so zwei Sachen.

KJ: H-hm.

R: Wobei auf der anderen Seite äh, kenn ich nen Kumpel von mir, der dichtet sehr gerne und da driftet er wiederum in seine eigene Welt.

KJ: H-hm.

R: Also det ist für ihn das A und O einfach, Dichten. Der schreibt Gedichte, das ist der Wahnsinn!

KJ: H-hm.

R: Geht auch, also im Endeffekt ist es egal, was man macht.

KJ: Ja.

R: Solange diese Liebe, diese Leidenschaft damit zu tun hat."[26]

‚Diese Liebe' und ‚diese Leidenschaft' stellen sich als ubiquitäre Erzählanlässe heraus, die hier ‚beim Musikmachen' mit ‚genau so gut fallen lassen', ‚absolut abschalten' und ‚just in the music' sein in ihrer Erfahrung beschrieben werden, ebenso wie beim ‚Dichten' mit ‚driftet er wiederum in seine eigene Welt', so wie zuvor bei der ‚ich surfe sehr leidenschaftlich-bin verliebt' Erfahrung. So wird diese Erfahrung allenthalben, ‚im Endeffekt ist es egal, was man macht' thematisiert, ‚solange diese Liebe, diese Leidenschaft damit zu tun hat'. Allenthalben bietet sich ein Erzählanlass, um ubiqitär Signifikanten mit Liebe und Verliebtheit zu füllen. Allerdings nur solange die damit gefüllten Signifikanten dieser gemachten und/oder bekannten Erfahrung von Liebe, Verliebtheit und Leidenschaft entsprechen. Was wenn nicht? Ist es dann jene Liebe und jene Leidenschaft die zum ubiquitären Erzählanlass wird? Oder ist das, was dieser gemachten und/oder bekannten Erfahrung nicht entspricht keine Liebe und keine

Leidenschaft? ,Solange' markiert hier eine Grenze der Entsprechung des Signifikanten mit seiner Füllung. Was ist dahinter? Außerhalb dieser Erfahrung? Eine andere, verschiedene, davon unterschiedene, differente, gegensätzliche Erfahrung? Ubiquitäre Erzählanlässe halten auch hier den Sprachfluss in Gang.

Hilfreich für einen Blick hinter eine Grenze der Entsprechung war für den Autor ein von ihm geführtes und protokolliertes Interview im Rahmen des religionspädagogischen Hauptseminars „Wie in Halle Weihnachten gefeiert wird" im Wintersemester 2012/13 an der Theologischen Fakultät der Martin-Luther-Universität Halle-Wittenberg bei Prof. Dr. Michael Domsgen.

Hier soll beispielhaft die Füllung des Signifikanten ,Weihnachten' auf ihre Entsprechung mit dem Signifikanten ,Fest der Geburt von Jesus Christus' anhand dieses empirischen Materials untersucht werden.

Protokoll des Interviews vom 20.12.2012 auf dem Weihnachtsmarkt von Halle, geführt von Jörg Anschütz mit zwei Herren, 73 und 70 Jahre alt, Rentner, katholischer und evangelischer Konfessionszugehörigkeit bzw. Prägung:

„F1 Wie und wo verbringen Sie Weihnachten?

A1 In der Familie.

B1 Zuhause.

F2 Ok. Sind Sie aus Halle?

A2 Ich bin aus Teutschenthal.

B2 Ich aus Halle.

F3 Ok. Was feiern Sie Weihnachten?

B3 Das Weihnachtsfest.

A3 Der christliche Gedanke ist bestimmt weit weg würde ich sagen, ja. Aber ist bekannt.

B4 Er ist noch bekannt. Ich bin noch konfirmiert worden.

A4 Naja man spricht vom Fest der Liebe sozusagen. Geschenke soweit es möglich ist. Vor allen Dingen die Enkel. Das ists. Aber ansonsten man freut sich, wenn sie mal da sind.

F4 Also ein Familienfest?

B4 Familienfest.

A5 Ein Familienfest. Nur die Enkel werden beschenkt.

B5 Unter uns ist da mit schenken nichts mehr. Wir kaufen uns das was wir wollen.

F5 Gut wir hatten es ja bereits mit angesprochen, die Zusatzfrage: Ist das für Sie ein religiöses Fest?

---

[26] Zitiert aus: ebd. S.192.

Also eher dann..

A6 Eher weniger. Aber wir gehen Heiligabend zwar in die Kirche, aber..

B6 Wir wissen um was es geht.

F6 Ahja. Ok.

B7 Wir wissen um was es geht.

A7 Wir gehen Heiligabend in die Kirche. Das ist aber auch das einzigste Mal.

F7 In welche Kirche gehen Sie da ?

A8 Teutschenthal.

F8 Aha in Teutschenthal ok. Wann genau und mit wem ?

A9 Frau, Tochter, Schwiegersohn und Enkelkinder.

F9 Und wann genau ?

A10 Am 24. und am 25. stößt noch mein Schwager dazu.

F10 Ahja ok. Und da findet nochmal was ähnliches statt oder..

A11 Ne da gibt's so nen Gebrauch bei uns, Kartoffelsalat und Bockwürstchen werden da abends
kredenzt.

F11 Heiligabend ?

A12 Ja und am 1. Weihnachtsfeiertag abends.

B8 Bei uns gibt's Pute und Klöße an den Feiertagen. An beiden Feiertagen. Kartoffelsalat und Bockwurst
gibt's Heiligabend.

F12 Woher kommt das, das Weihnachtsfest, für Sie persönlich ?

A13 Also ich bin erzogen, ich bin katholisch getauft. Bin aber, als ich selber bezahlen sollte, musste
damals, ausgetreten. Der Geist ist aber noch da. Ich weiß, um was es geht. Ich habe ja Religion und alles
mitgemacht hier, na ja, wie gesagt

F14 Es ist also für Sie eher eine Tradition?

A14 So würde ich sagen. Es wird eben gefeiert weil's so üblich ist, ja. Wenn's nicht so wäre, wärs nicht
so.

F15 Oder die Prägung halt.

A15 Ja die Prägung. Hm.

F16 Ok. Und wie ist das bei Ihnen ? Ähnlich ?

B9 Ähnlich. Bloß andere Konfession.

F17 Ahja. Interessant. Welche ?

B10 Evangelisch.

F18 So jetzt noch mal zusammenfassend: Nennen Sie ein paar Schlagworte, die Sie mit Weihnachten
verbinden ?

B11 Weihnachtsbaum. Geschenke.

A16 Friede. Freude.

B12 Eierkuchen.

F 19 Eierkuchen. Ok. Noch für unsere Statistik. Wie alt sind Sie ?

B13 73.

A17 70.

F20 Und von Beruf waren Sie ?

A18 Kartograph.

B13 Diplom-Ingenieur.

F 21 Und ihre Religionszugehörigkeit war..

A19 Katholisch.

B14 Evangelisch.

F22 Ok. Wir bedanken uns bei Ihnen und wünschen noch ein schönes Weihnachtsfest.

B15 Danke.

A20 Ebenfalls."

Beschreibungen wie „der christliche Gedanke ist bestimmt weit weg (...) aber ist bekannt" zeigen ein Bewusstsein für eine Verschiebung der Entsprechung dieser Signifikanten zugleich aber auch für ein weiteres Vorhandensein der Füllung: „Man spricht vom Fest der Liebe sozusagen." Nun jedoch eher nicht mehr als christliches Fest. „Ein Familienfest." „Der Geist ist aber noch da." Dafür nun eher als Füllung im sprachlichen Gewand des Signifikanten ‚Weihnachten', da sie dem erfahrenen und/oder bekannten, hier besonders in den Konfessionen sprachlich bekannten Signifikanten ‚Fest der Geburt von Jesus Christus' nicht/nicht mehr entsprach. „Also ich bin erzogen, ich bin katholisch getauft. Bin aber, als ich selber bezahlen sollte, musste damals, ausgetreten." Dieses Beispiel zeigt, dass auch wenn Jesus Christus in seiner Geburt gedanklich und sprachlich weit weg ist, so ist doch sein Geist noch da, allenthalben im Fest der Liebe, welches zugleich als ein Fest in Familie erfahren und sprachlich bekannt wird. Damit wird auch deutlich, dass die Füllung sprich das Signifikat nicht an den Signifikanten gebunden ist, sondern ihre Füllgrenze in der Entsprechung mit gemachter und/oder bekannter Erfahrung hat. Andere Signifikanten können und werden mit dem Signifikat sprachlich gefüllt. Anders, da sie einander nicht entsprechen, sondern different, verschieden, abgegrenzt, gegeneinander gesetzt sind. Und doch können sie zugleich ubiquitär durch das Signifikat gefüllt sein. „Artikulationen lassen sich damit als performative Setzungen verstehen, die mit einem Geltungs- und Wahrheitsanspruch einhergehen, sie ereignen sich stets im Spannungsfeld *zwischen* Signifikation und

Resignifikation."[27]

An dieser Stelle ist ein kurzer Einblick in poststrukturalistische Positionen auf die hier zurückgegriffen wird überfällig.

Kerstin Jergus folgt hier der Spur von Ernesto Laclau: „Laclau erarbeitet dabei eine Figur der ‚Bewegung im zwischen'"[28] Für ihn ist es unmöglich Signifikanten total zu füllen und ebenso sie total zu leeren. „Das Scheitern der ontologischen Absorption des ganzen ontischen Inhalts öffnet den Weg für eine konstitutive ‚ontologische Differenz', die Macht, Politik, Hegemonie und Demokratie ermöglicht."[29] „Laclau optiert (...) für ein Denken, dass Öffnung und Schließung (...) als gleichzeitige und aufeinander bezogene Bewegungen versteht. Die Unmöglichkeit, einen der Pole zu realisieren (...) treibt permanent die Schließung der Offenheit an. Die strukturelle Offenheit unterläuft diese Schließungsbewegung, weil sie konstituiert."[30] Damit macht er darauf aufmerksam, „dass sich in jeder Artikulation die ontologische Differenz ein- und fortschreibt."[31] Sinn lässt sich nicht in einem Signifikanten einschließen. Diese Unabgeschlossenheit hält Bedeutung offen und Uneindeutigkeit aufrecht. Damit bleibt Unbestimmtheit gegeben, da Bestimmbarkeit sich nicht abschließend realisieren lässt.[32] Mit dieser bis hierher gemachten Erkenntnis wird sich diese Arbeit jedoch nicht begnügen. Vielmehr soll nun gewagt werden den Weg in Richtung Bestimmtheit zu beschreiten, der sich Laclau durch eine „konstitutive ontologische Differenz"[33] eröffnet hat.

2.2 Diskursive Setzungen im Problemfeld der Differenz

Da sich bereits Philipp Melanchthon der Pädagoge mit Martin Luther dem Theologen auf dieses Wagnis eingelassen hat, kann dem hier beispielhaft gefolgt werden, dem Wagnis der Erfahrung von Gottes Gegenwart in dem Menschen Jesus von Nazareth.

---

[27] Zitiert aus: Kerstin Jergus. Liebe ist...Artikulationen der Unbestimmtheit im Sprechen über Liebe.S.67.
[28] Zitiert aus: ebd.
[29] Zitiert aus: Ernesto Laclau. Konvergenz in offener Suche. In: Oliver Marchart (Hsg.). Das Undarstellbare der Politik. S.251.
[30] Zitiert aus: Kerstin Jergus. Liebe ist...Artikulationen der Unbestimmtheit im Sprechen über Liebe.S.56.
[31] Zitiert aus: ebd.
[32] Vgl. Kerstin Jergus. Liebe ist...Artikulationen der Unbestimmtheit im Sprechen über Liebe.S.93.
[33] Zitiert aus: Ernesto Laclau. Konvergenz in offener Suche. In: Oliver Marchart (Hsg.). Das Undarstellbare der Politik. S.251.

Damit geht es in dieser Arbeit um den christologischen Bezug. Der pneumatologische Bezug soll hier nicht betrachtet werden. Dies hat u.a. Albrecht Peters getan: „Wir wollen beiden Bezügen nachgehen.(...) Das Sakrament des Altars, Christi Gegenwart im Abendmahl, steht nach Luther in einer doppelten Relation, auf den Heiligen Geist wie auf Jesus Christus (...) Gerade der Bezug auf den Geist (...) ist schon von Calvin bei Luther und dessen Anhängern vermisst worden, zum mindesten als verstümmelt angesehen."[34]

Eine Arbeitsgruppe um Oswald Bayer, Benjamin Gleede, Jörg Baur u.a. hat unter Rückgriff auf die Christologie Luthers deren Zuspitzung in der Idiomenkommunikation untersucht und dabei die Relevanz der Ubiquität in ihrer Konkretheit und Sprachlichkeit wiederentdeckt und zugleich auf Luthers sprachphilosophische Anregungen aufmerksam gemacht.

Zunächst zur historischen Ursprungssituation, zur Semantik des Wortes Ubiquität, wie sie Jörg Baur erfasst hat.[35]

Ubiquität ist für ihn ein Neologismus, ein Kunstwort, „ein Produkt der Polemik".[36] Von Melanchthon ist belegt, dass er es wahrscheinlich als erster benutzt hat: „Von seinem Ursprung her ist das Wort ‚Ubiquität' jedoch ‚vergiftet', verdankt es sich doch dem Willen zur Verneinung des mit ihm Ausgesagten: Melanchthon, der es am 16.3.1546 wohl als erster gebraucht hat, nahm damit 27 Tage nach Luthers Tod eine ‚semantische Beerdigung' nicht nur der Abendmahlslehre des Reformators vor. ‚De Ubiquitate non est disputandum'."[37]

Was hatte ihn dazu veranlasst? „Der Anlaß für die Bildung des Neologismus war die Frage: ‚Wie kann Christus leiblich im Sakrament sein, da ein Leib nicht zugleich an mehreren Orten sein kann?' Melanchthon fragt nach der Bedingung der Möglichkeit der durch Christus ausgesagten Gegenwart seiner selbst, die im Sakrament ‚auch leiblich' ist."[38]

Die Differenz gemachter und /oder bekannter Erfahrung von Leiblichkeit ist ihm, dem

---

[34] Zitiert aus: Albrecht Peters. Realpräsenz. Luthers Zeugnis von Christi Gegenwart im Abendmahl. Berlin 1960. S.46.
[35] Vgl.: Jörg Baur. Ubiquität. In: Creator est Creatura. Berlin u.a. 2007. S. 186-301.Hier S. 192ff.
[36] Zitiert aus: ebd. S. 192.
[37] Zitiert aus: ebd. S. 193.

Pädagogen offen-sichtlich. Der Signifikant Leib ist gesetzt, örtlich bestimmt, da oder dort, nicht zugleich da und dort. In seinem Sein so gelehrt, ontologisch. Wie lässt sich dieser Widerspruch zwischen Erfahrung des Menschen und Offenbarung des Christus, auch und zugleich leiblich zu sein, auflösen?

Für Melanchthon indem „das Subjekt hinsichtlich seines Wollens und Könnens qualifiziert wird. Die so bestimmte Person setzt ihren Leib gegenwärtig.(...) Die Gabe ist das von der Person Verfügte."[39] Jesus Christus verfügt für Melanchthon über diese Qualifikation. Für Luther ist er so gebildet. „Diese Begründung der von Melanchthon 1546 (noch) vertretenen Darreichung von Leib und Blut Christi ist von Luthers Aussage vom ‚Deus corporeus' deutlich unterschieden. Die Konstruktion lässt nicht zu, dass der Sohn Gottes mit Jesu Menschheit ‚ein ding' wird und ist. Dies verbietet v.a. die durch Melanchthon wieder aufgenommene Theorie der ‚suppositialen Union' zwischen der Person des Logos und der menschlichen Natur Jesu."[40]

Für Luther wird und ist in der Person Jesus Christus Gott zugleich Mensch und Mensch zugleich Gott. Und das allenthalben, ubiquitär.

Jörg Baur entfaltet Luthers ‚Lehre'.[41] Dafür stehen ihm besonders Luthers Schriften von 1525-1527 zur Verfügung, wie die Streitschrift „Wider die himmlischen Propheten, von den Bildern und Sakrament."[42] und „Das diese Wort Christi ‚Das ist mein Leib' noch fest stehen wider die Schwärmgeister"[43] in denen das Zugleich von deus incarnatus und homo deificatus, menschgewordener Gott und gottgewordener Mensch, hinsichtlich der Gegenwart am Ort thematisiert und in dreifacher Hinsicht präzisiert werden.

Erstens erteilt Luther „die Absage an ein Verständnis der ‚rechten hand Gottes' als eines ‚sonderlichen Ortes' im Himmel, wo Christus sitze"[44] Sondern vielmehr „mus er ynn einer jglichen creatur ynn yhrem allerynnwendigsten, auswendigsten umb und umb, durch und durch, unden und oben, forn und hinden selbs da sein, das nichts gegenwertigers noch ynnerlichers sein kann ynn allen creaturen denn Gott selbs mit

---

[38] Zitiert aus: Jörg Baur. Ubiquität. In: Creator est Creatura. Berlin u.a. 2007. S. 186-301.Hier S. 195.
[39] Zitiert aus: ebd. S. 195.
[40] Zitiert aus: ebd.
[41] Vgl.: ebd. S. 198ff.
[42] Vgl.: D. Martin Luthers Werke. Weimarer Ausgabe. Band 18, S.61-214. (WA 18).
[43] Vgl.: D. Martin Luthers Werke. Weimarer Ausgabe. Band 23, S.38-321. (WA 23).
[44] Zitiert aus: Jörg Baur. Ubiquität. In: Creator est Creatura. Berlin u.a. 2007. S. 186-301.Hier S. 198.

seiner gewallt"[45]

Daraus schlussfolgert er zweitens, „dass die Menschwerdung kein Ereignis ist, in dem
der Abwesende ‚kommt', vielmehr wird mit ihr die Gegenwart des Sohnes Gottes neu
bestimmt"[46]: „Denn ynn yhm ist Gott nicht allein gegenwertig und wesenlich wie ynn
allen andern, Sondern wonet auch leibhafftig ynn yhm also, das eine person ist mensch
und Gott"[47].

Drittens ist für Luther damit die Allgegenwart Gottes nicht auf Christus beschränkt,
sondern „ynn heusern, garten, felde, am creutz, grab (...) und doch auch gleichwol ym
hymel ynn des vaters schos"[48].

Baur fasst diese Präzisierungen Luthers zusammen: „Christi Menschheit verschwimmt
dadurch nicht ins Unbestimmte (...), ‚sie binde(t) sich' uns räumlich begrenzten
Menschen ‚zu gut und bescheide(t)' uns ‚an einem ort': die räumlich bestimmte
‚menscheit Christi'(...). Vom Inkarnierten ist also ineins das Sein am Ort auszusagen,
das der Menschheit eignet, und das ‚Allenthalben', das der Gottheit zukommt."[49]

Luther gelingt es damit, die Differenz zwischen Gott und Mensch zu schärfen. Gott ist
allenthalben, ungebunden, unbegrenzt. Der Mensch räumlich bestimmt, gebunden,
begrenzt. „Wer ‚Gott' und ‚Mensch' sagt, muss hinsichtlich des Ortes die Differenz von
Umgrenztheit und Unbegrenztheit denken."[50] Er wiederholt sie jedoch nicht nur,
sondern formuliert sie in der Person Jesu Christi neu. Als das Zugleich von Gott und
Mensch. „Damit wird die auf distinkten Wesensaussagen über Gott und den Menschen
beharrende ‚metaphysische' ‚alte Sprache' nicht durch theozentrischen
Transzendentalismus, der ‚die Bedingung der Möglichkeit' des christologisch
Auszusagenden zuvor ‚in Gott' bestimmt, ersetzt, sondern zugleich beansprucht und
aufgehoben."[51] Luther geht hier über Melanchthon hinaus. Er wagt also nicht nur, mit
ihm ausgehend von der Unbestimmtheit des Ortes in die Bestimmtheit der Orte in der
Differenz von da sein und dort sein hineinzugehen und diese gemachte und/oder

---

[45] Zitiert aus: WA 23, S. 135.
[46] Zitiert aus: Jörg Baur. Ubiquität. In: Creator est Creatura. Berlin u.a. 2007. S. 186-301.Hier S. 198.
[47] Zitiert aus: WA 23, S. 141.
[48] Zitiert aus: ebd.
[49] Zitiert aus: Jörg Baur. Ubiquität. In: Creator est Creatura. Berlin u.a. 2007. S. 186-301.Hier S. 199.
[50] Zitiert aus: ebd. S. 200.
[51] Zitiert aus: ebd.

erkannte Erfahrung zu bekennen und damit sprachlich zu setzen, sondern er wagt es darüber hinaus, diese Setzungen gleich wieder aufzuheben und in der Person Jesu Christi im Zugleich von da sein und dort sein zu denken. „Diese an sich unaufhebbare Differenz wird in der Konstitution der Person Christi überwunden. Deshalb kann von Christus nur in einer neuen Sprache geredet werden, die ‚was des Menschen ist zurecht von Gott und wiederum, was Gottes ist, vom Menschen aussagt.“[52]

In dieser neuen Sprache des Zugleich gelingt es Luther den gerecht richtenden Gott als den gnädig vergebenden Gott zu sehen; den „unantastbar heiligen Gott“[53] als den „ermordeten Gott“[54]; der „vom Elend unbehelligte (...)der an sich leidensunfähige Gott“[55]als den, der „im Mahl ‚sein Leib und Blut‘“[56]gibt; als weltüberlegene Herrschaft, die „sich der Erfahrung von Welt ‚als schmerzvollem Raum‘ aussetzt“[57]. Baur formuliert den Ertrag Luthers aus diesem Wagnis, das über das des Melanchthon hinausgeht mit den Worten: „Die Allgegenwart ist damit neu bestimmt: Sie verwickelt -in Christus-Gott selbst mit der miseria des Weltlaufs.[58]

„Diese Radikalität der Ubiquitätslehre“[59], von Luther angedeutet, von seinen Erben meist unterdrückt, ist heute von der Arbeitsgruppe um Oswald Bayer, Benjamin Gleede, Jörg Baur u.a. in ihrer Konkretheit und Sprachlichkeit wiederentdeckt worden.

Sie sprechen davon, dass Luther eine „umfassende christologische Transsignifikation“[60] vor Augen habe: „Luthers christologische Debatten mit Zwingli und den ‚Schwärmern‘ Karlstadt, Hoffman und Schwenckfeld sind deutlich von dem Versuch geprägt, das besagte protologische Apriori christologisch aufzubrechen, ohne dabei dessen Wahrheitsmoment zu negieren: Was Luther vorschwebt ist eine umfassende christologische Transsignifikation alltäglicher Begriffe wie Gottheit, Menschheit, Kreatur oder (Un)endlichkeit.(...)Indem er Gottheit und Menschheit also nicht als fest definierte Wesenheiten, sondern als in unterschiedlichen Kontexten auf unterschiedliche

---

[52] Zitiert aus: ebd.
[53] Zitiert aus: ebd.
[54] Zitiert aus: ebd.
[55] Zitiert aus: ebd. S. 201.
[56] Zitiert aus: ebd.
[57] Zitiert aus: ebd.
[58] Zitiert aus: ebd.
[59] Zitiert aus: ebd.
[60] Zitiert aus: ebd. S. 2.

Weise und in unterschiedlichen Bedeutungen zu verwendende sprachliche Begriffe fasst, antizipiert er in erstaunlicher Weise einen fundamentalen modernen Kritikpunkt an der klassischen Zweinaturenchristologie und ebnet so (...) einen Weg für eine christologische Neuorientierung, der auch im Horizont modernen Problembewusstseins erfolgversprechend erscheint."[61] Sie entdecken Luthers Weg diskursiver (Neu)setzungen im Problemfeld der Differenz.

Dies in Konkretheit und Sprachlichkeit im Zugleich, im Allenthalben, in der Ubiquität, durch eine Christologie in „ihrer Konzentration auf die Idiomenkommunikation"[62].

Da die Philosophen ein konkretes Zugleich von Endlichem/Mensch und Unendlichem/Gott nur auch zugleich in ihrer Bewertung von richtig oder falsch denken können, endet ihr Versuch entweder in der Addition unvermittelter Elemente oder im Versuch einer Synthese eines immer schon gegebenen Beieinanderseins dieser Elemente. Theologen hingegen sollten von der Konkretheit der Vermittlung sprechen, indem sie ebenso bei der Kontingenz der Elemente Mensch und Gott ansetzen, sie in deren konkreter Vermittlung in der Person Jesus Christus aber auf Allgemeingültigkeit im Zugleich, im Allenthalben von Mensch und Gott zielen.[63]

„Diese Konkretheit des Beieinanderseins von Gott und Mensch in der Person Jesu Christi ist eine konstitutiv sprachliche. Im Unterschied zur Theologie denkt Philosophie Sprache meist nur als Zeichen, das eine abwesende Sache vertritt, nicht aber die anwesende Sache selber ist"[64]. Mit der Inkarnation ist Jesus Christus, das Wort Gottes, Mensch geworden, „ist heute gegenwärtig in den Wörtern der Predigt und des Sakraments. Diese sind damit nicht nur Verweiszeichen (...); sie sind vielmehr die Sache selbst"[65].

Es lässt sich also festhalten, dass anhand der beiden Kriterien Konkretheit und Sprachlichkeit Luthers sprachphilosophische Anregungen auf Konkretheit in der Vermittlung und Anwesenheit der Sache im Wort, in seiner Sprachlichkeit selbst hinauslaufen, auf eine Konzentration in der Kommunikation der Idiome, der Eigenarten,

---

[61] Zitiert aus: ebd. S.2f.
[62] Zitiert aus: ebd. S. 33.
[63] Vgl.: ebd.
[64] Zitiert aus: ebd.
[65] Zitiert aus: ebd.

der Eigenanteile, hier von Gott und Mensch in der Person Jesus Christus, der in seinem Gottsein und in seinem Menschsein zugleich, allenthalben, ubiquitär konkret anwesend gedacht und damit diskursiv vermittelt und zur Sprache gebracht wird.

Luther folgend ist mit dem Ereignis der Inkarnation Gott neu bestimmt. Er ist anwesend und damit erfahrbar. Erfahrbar in seiner Hingabe und Leidensfähigkeit, „im versöhnenden Leiden der Liebe.“[66]Diese Erfahrung lässt sich mit Jesus Christus machen, den Luther „als das Geschehen der Vermittlung und Gemeinschaft von Gott und Mensch zur Sprache“[67] bringt. Jörg Baur formuliert das in seinem Fazit zu Luthers Lehre von der Ubiquität so: „Christus ist die geschichtlich-kontingent bewährte, unendlich gültige permanente Anteilgabe der schöpferischen Gottheit im Sohn an die Menschheit Jesu (Erhöhung) und ihre Anteilnahme an dem Geschick, den Taten und Leiden des an die Stelle der an sich verfallenen Menschheit tretenden erhöhten Menschen Jesus (Erniedrigung). In der sich so vollziehenden Einheit der Person ist das alte Widereinander von Gott und Mensch in die neue Gemeinschaft mit dem Schöpfer gewendet. Indem dies am Ort des Jesus von Nazareth geschah, ist es zugleich das an allen Orten im Wort auf Glauben hin befreiende Ereignis.“[68]

Der Weg des Pädagogen ist nun an einem Punkt angekommen, an dem es wieder möglich wird, den Sprachfluss mit empirisch gemachten Erfahrungen in Gang zu halten. Das Problemfeld der Differenz mit seinen diskursiven (Neu)setzungen von Bestimmtheit kann verlassen werden, um im Problemfeld der Unbestimmtheit erneut Erfahrungen, die zur Sprache kommen, zu erfassen. Dies kann und soll hier nun jedoch nicht mehr ohne einen gewissen Mehrwert, einen Lernertrag des bis hierher beschrittenen Weges, d.h. nicht ohne Suchbewegungen geschehen. Suchbewegungen gerichtet auf konkrete soziale Geschehen der Vermittlung und Gemeinschaft unter den Kennzeichen von Hingabe, Leidenschaft resultierend aus Leidensfähigkeit, sowie Versöhnung bis in das versöhnende Leiden der Liebe hinein, die der Erfahrbarkeit von Vollkommenheit in Jesus Christus entsprechen. Zugleich sind es Suchbewegungen

---

[66] Zitiert aus: ebd. S. 219.
[67] Zitiert aus: ebd.
[68] Zitiert aus: ebd. S. 219f.

gerichtet auf die Unmöglichkeit, Signifikanten vollkommen zu füllen oder zu leeren. Suchbewegungen gerichtet auf die Einsicht in Unvollkommenheit, die ebenfalls der Erfahrbarkeit im Beziehungsgeflecht von Menschen in Gemeinschaft/in Gesellschaft, im Sozialen, entsprechen.

Dieser Weg kann auch der des Theologen sein, der wie Luther bereit ist, Signifikanten wie Gott und Mensch nicht als Sinn-voll zu betrachten, sondern als Vermittlungsgeschehen, in dem das Signifikat beweglich bleibt, allenthalben, ubiquitär Schließungs- und Öffnungsversuchen in ihren Bestimmtheits- und Unbestimmtheitseffekten/-affekten unterliegt und der wie Laclau und Jergus einsehen kann, dass Signifikanten nicht vollkommen gefüllt oder vollkommen geleert werden können, sondern der Bewegung im Zwischen unterliegen.

Damit sind es Suchbewegungen gerichtet auf das Bezeichnete, das Signifikat, den Sinn, die Sache selbst und weniger auf die Bezeichnung, das Zeichen, den Signifikanten.

Rückblickend auf den Verlauf der Überlegungen in dieser Arbeit bis hierher lassen sich zwischen Pädagogen wie Jergus und Theologen wie Luther folgende Parallelen ausmachen:

Erstens:

Laut Jergus „verfolgen meine Analysen die Konstitutionslogik dieses Gegenstandes – der Gegenstand der Liebe wird nicht vorab gesetzt"[69].

Bei Luther „indem er Gottheit und Menschheit also nicht als fest definierte Wesenheiten (...) fasst"[70].

Zweitens:

Bei dem Interviewpartner von Jergus, denn „schließlich erscheinen ihm zwei Thematisierungsvorschläge gleichwertig; ,die Frau' oder ,allgemein Verliebtheit', aber sofort auch wieder hinfällig"[71].

Ebenso bei Luther, der die Differenz zwischen Gott und Mensch geschärft, aber

---

[69] Zitiert aus: Kerstin Jergus. Liebe ist...Artikulationen der Unbestimmtheit im Sprechen über Liebe.S.145.
[70] Zitiert aus: Jörg Baur. Ubiquität. In: Creator est Creatura. Berlin u.a. 2007. S. 186-301.Hier S. 2f.
[71] Vgl. Hier S.9.

„zugleich beansprucht und aufgehoben"[72]hat.

Drittens:

Jergus folgt hier der Spur von Ernesto Laclau: „Laclau erarbeitet dabei eine Figur der ‚Bewegung im zwischen'"[73].

Luther bringt es „als das Geschehen der Vermittlung und Gemeinschaft von Gott und Mensch zur Sprache"[74].

Kann das Unterliegen in Beweglichkeit, dass durch diese drei Parallelen noch unterstrichen wird, ein Indiz für das Signifikat, für Allgegenwart von Liebe sein? Für Affekte in diesem Sinn: Gott ist Liebe ? Sind diese Effekte: Liebe ist Gott Sinn-voll?

Diesen Liebes-Fragen ist Clive Staples Lewis nachgegangen der hier beispielhaft herangezogen werden soll, um die Suchbewegungen nach den Zeichen und dem damit Bezeichneten, nach den Signifikanten und dem sich in Bewegung befindenden Signifikat, nach der Allenthalbenheit von Liebe auf der Ebene des Betrachtungsgegenstandes des Sozialen vorzubereiten.[75]

2.3 Nennungen von Liebe

Da Lewis hier zur Vorbereitung der Suchbewegungen im Sozialen herangezogen wird, sollen seine Nennungen von Liebe den hier zuvor gemachten Erkenntnissen unterzogen werden. Nimmt er Setzungen vor, was den Gegenstand, den Begriff Liebe betrifft? Nimmt er Differenzierungen vor? Schärft er diese? Bewegt er sich „im Zwischen"[76], im Geschehen der Vermittlung?

Liebe ist für Lewis in einer Richtung gesetzt: „Gott ist Liebe (...) Liebe in Person (...) Der Vater schenkt alles, was er ist und hat, dem Sohn. Der Sohn schenkt sich dem Vater zurück, schenkt sich der Welt und für die Welt dem Vater, und so schenkt er auch die

---

[72] Zitiert aus: Jörg Baur. Ubiquität. In: Creator est Creatura. Berlin u.a. 2007. S. 186-301.Hier S. 200.

[73] Zitiert aus: Kerstin Jergus. Liebe ist...Artikulationen der Unbestimmtheit im Sprechen über Liebe.S.67.

[74] Zitiert aus: Jörg Baur. Ubiquität. In: Creator est Creatura. Berlin u.a. 2007. S. 186-301.Hier S. 219.

[75] Vgl.: Clive Staples Lewis. Was man Liebe nennt. Zuneigung-Freundschaft-Eros-Agape. Basel u.a.1979.

[76] Zitiert aus: Kerstin Jergus. Liebe ist...Artikulationen der Unbestimmtheit im Sprechen über Liebe.S.67.

Welt (in sich selbst) dem Vater zurück."[77] In der anderen Richtung nicht: „Die Liebe wird ein Dämon, wenn sie ein Gott wird.(...)Wenn wir (dies) außer acht lassen, kann sich die Wahrheit, dass Gott die Liebe ist, unmerklich ins Gegenteil verdrehen: dass die Liebe Gott sei."[78] In dieser Richtung sind dem Menschen nur Suchbewegungen möglich. Um diesen näher zu kommen nimmt Lewis Differenzierungen vor und schärft diese. Zunächst unterscheidet er zwischen schenkender und bedürftiger Liebe.[79] Dies wird von ihm zugespitzt auf das Bild des allein schenkenden Gottes und des allein bedürftigen Menschen, das zugleich ein Geschehen der Vermittlung offenbart: „Der Mensch kommt Gott am nächsten, wenn er Gott in einem gewissen Sinn am wenigsten gleicht"[80], wenn er „dem einzigen wahren Geber seine Armseligkeit"[81] bekennt. Lewis zieht aus dieser Erkenntnis Konsequenzen. Er differenziert seine Bezeichnung von Gottesnähe und unterscheidet „zwischen ‚Nähe der Ähnlichkeit' und ‚Nähe im Suchen'[82]. So ist Gottähnlichkeit, Gottes Ebenbildlichkeit durch den Schöpfer gesetzt und gegeben und „schon die Ähnlichkeit hat ihren Glanz. Dabei geschieht es auch, dass wir ‚ähnlich' mit ‚gleich' verwechseln."[83] Gott ist Liebe. Mensch ist Gott ähnlich. So auch menschliche Liebe. Jedoch nicht gleich. Daher die scharfe Differenzierung bei Lewis, dass Gott Liebe ist, aber Liebe Gott sei, da wo sie menschlich ist. Hier setzt die Suchbewegung ein, die Nähe im Suchen, die eine willentliche Annäherung an Gott ist, mit dem Ziel „Übereinstimmung oder Willenseinklang mit Gott"[84] zu erreichen, ihm nicht nur ähnlich, sondern gleich zu sein. „Natürliche Liebe erhebt den Anspruch auf Göttlichkeit erst, wenn dieser Anspruch glaubhaft klingt. Er klingt aber erst glaubhaft, wenn unsere Liebe wirklich eine Ähnlichkeit mit Gott, der Liebe in Person, aufweist."[85] „Daher muss (...) unsere Nachahmung Gottes in diesem Leben (...) eine Nachahmung des menschgewordenen Gottes sein: Unser Vorbild ist Jesus (...) (er) *ist* göttliches Leben

---

[77] Zitiert aus: Clive Staples Lewis. Was man Liebe nennt. Zuneigung-Freundschaft-Eros-Agape. S. 9.
[78] Zitiert aus: ebd. S.14.
[79] Vgl. ebd. S.9.
[80] Zitiert aus: ebd. S.12.
[81] Zitiert aus: ebd. S. 11.
[82] Zitiert aus: ebd. S. 12f.
[83] Zitiert aus: ebd. S. 16.
[84] Zitiert aus: ebd. S. 14.
[85] Zitiert aus: ebd. S. 15.

unter menschlichen Bedingungen."[86] Damit auch göttliche Liebe. Für die Person Jesus Christus gilt für Lewis in Übereinstimmung mit Luther: Gott ist Mensch und Mensch ist Gott. Darum kann Lewis für diese Person auch sagen: Gott ist Liebe und Liebe ist Gott. Jesus Christus ist das Geschehen das diese Liebe zwischen Gott und Mensch vermittelt. Der Affekt Gott ist Liebe hat in Jesus Christus den Effekt Liebe ist Gott ausgelöst, „Gott selbst mit der miseria des Weltlaufs"[87] verwickelt. Lewis drückt es mit den Worten eines Thomas von Kempis aus: „Das Höchste steht nicht ohne das Niedrigste."[88] Suchbewegungen gerichtet auf Geschehen der Vermittlung und Gemeinschaft unter den Kennzeichen von Hingabe, Leidenschaft resultierend aus Leidensfähigkeit, sowie Versöhnung bis in das versöhnende Leiden der Liebe hinein, sind in diesem Sinne Suchbewegungen der Erfahrung mit/in/durch/von Jesus Christus der mit Luther allenthalben, der ubiquitär ist und damit sind es auch Suchbewegungen in Richtung Allgegenwart von Liebe. Ebenso sind es Suchbewegungen gerichtet auf die Einsicht in Unvollkommenheit, die der Erfahrbarkeit im Beziehungsgeflecht von Menschen in Gemeinschaft/in Gesellschaft, im Sozialen, entsprechen. „Das Höchste steht nicht ohne das Niedrigste."[89]

Bevor hier diese Suchbewegungen auf der Ebene des Betrachtungsgegenstandes des Sozialen begonnen werden, soll noch ein Blick auf die Vor-Lieben[90] bei Lewis geworfen werden. Diese sollen dann den Einstieg des Suchens erleichtern.

Lewis stellt fest, das Lust auf bzw. an etwas, wie Dingen, Beschäftigungen, Personen, Lebewesen, Idealen, Vorstellungen im Sprachgebrauch mit Liebe verbunden ist. Der Interviewpartner bei Jergus sprach von „ich surfe sehr leidenschaftlich-bin verliebt"[91]. Und Lewis: „Fast jeder, auch der Pedantische oder Fromme, sagt irgendeinmal am Tag, dass er ein Gericht, ein Spiel oder irgendeine Beschäftigung ‚liebt'."[92] Dabei unterscheidet Lewis zwischen Lust auf etwas haben und Lust an etwas haben.

Lust auf Etwas entspringt dabei einem Verlangen, einem Bedürfnis des Subjekts. Diese

---

[86] Zitiert aus: ebd. S. 14.
[87] Zitiert aus: Jörg Baur. Ubiquität. In: Creator est Creatura. Berlin u.a. 2007. S. 186-301.Hier S. 201.
[88] Zitiert aus: Thomas a Kempis. Imitatio Christi. Buch II. Meditationen S. 10.
[89] Zitiert aus: Thomas a Kempis. Imitatio Christi. Buch II. Meditationen S. 10.
[90] Vgl.: Clive Staples Lewis. Was man Liebe nennt. Zuneigung-Freundschaft-Eros-Agape. S. 19-38.
[91] Zitiert aus: Kerstin Jergus. Liebe ist...Artikulationen der Unbestimmtheit im Sprechen über Liebe.S.190.

Lust ist dann auch meist mit der Befriedigung des Bedürfnisses gestillt. Damit verliert sie an Interesse. „Donnerwetter, das *hat mir* geschmeckt!"[93] So spricht beispielsweise jemand, der gerade seinen Durst, sein Verlangen, seine Lust auf einen Schluck Wasser mit diesem gestillt und sich daran befriedigt hat.

Lust an Etwas findet in der Begegnung statt, im Genuss des Objekts. Diese Lust wird dann auch meist in diesem Geschehen erst geweckt und weiter entfacht. Damit erfährt sie weitere Wertschätzung. „Wie herrlich *sie duften!*"[94] So spricht beispielsweise jemand, der gerade an den Fliederbüschen stehen geblieben ist, weil die Begegnung mit ihren Düften ihn beflügelt hat, diese immer und immer wieder in sich aufzunehmen.

Diese Unterscheidung lässt ihn eine Entdeckung machen: „Es hat mir in unserer bisherigen Einteilung der Liebe in ‚bedürftige' und ‚schenkende' eine Lücke aufgedeckt. Die Liebe enthält ein drittes Element, das in der ‚wertschätzenden Lust' vorgezeichnet ist.(...) Bedürftige Liebe sagt von einer Frau: ‚Ich kann nicht leben ohne sie'; schenkende Liebe möchte ihr Glück, Trost, Schutz und - wenn möglich – Reichtum verschaffen; wertschätzende Liebe schaut, hält den Atem an und verstummt, frohlockt, dass es ein solches Wunder gibt - auch wenn es nicht für mich bestimmt ist – verzweifelt nicht ganz, wenn sie es verliert, will lieber den Verlust ertragen, als es nie geschaut zu haben."[95]

Erfahrungen von Lust, von Vor-Liebe Lewis folgend, sind Erfahrungen aus dem Mangel heraus, Erfahrungen in der Begegnung und Erfahrungen aus der Fülle heraus.

Aus dem Mangel erwächst ein Bedürfnis, ein Verlangen was gestillt werden will und in der Bedürfnisliebe Befriedigung findet, indem das Objekt der Begierde benutzt wird.

In der Begegnung wird Lust und Liebe im Genuss entfacht und beflügelt und gewinnt dabei mehr und mehr an Bewunderung, indem das Objekt der Liebe wertgeschätzt wird.

Aus der Fülle erwächst ein Bedürfnis, ein Verlangen was geöffnet werden will und in schenkender Liebe Befreiung findet, indem das Objekt der Leidenschaft gefüllt wird.

Diese Erfahrungen lassen sich durchaus miteinander verbinden. Erfahrung von Mangel kann zu Begegnung und Fülle führen. Diese wiederum zu Begegnung und Mangel, da

[92] Zitiert aus: Clive Staples Lewis. Was man Liebe nennt. Zuneigung-Freundschaft-Eros-Agape. S. 19.
[93] Zitiert aus: ebd. S. 21.
[94] Zitiert aus: ebd.
[95] Zitiert aus: ebd. S.25.

wo Begegnung kein Genuss, sondern zum Verdruss führt und damit Lust und Liebe hemmt und auslöscht. Erfahrungen von Mangel und Fülle führen Begegnungen herbei, machen diese möglich. Entscheidend wird sein, wie diese Begegnungen gelingen oder auch nicht.

Dies kann im Geschehen der Begegnung erlernt werden. Hier kann Jesus Christus als Vorbild gelingender Begegnungen dienen. Er kann mit Baur auf Luthers Christologie fußend Geschehen dieser Vermittlung sein. Lewis beschreibt diesen Lernvorgang so: „Die Natur hat mich nie gelehrt, dass es einen Gott von unendlicher Majestät und Herrlichkeit gibt. Das musste ich auf andere Weise lernen. Aber die Natur hat das Wort ‚Herrlichkeit' für mich mit Sinn erfüllt. Ich weiß heute noch nicht, wo ich ihn sonst hätte finden können."[96] Hier hat die Erfahrung der Begegnung mit und in der Natur zur Sinnfüllung des Signifikanten Herrlichkeit geführt und einen Findungsprozess zu Gott unterstützt, dessen Dasein in Herrlichkeit auf andere Weise gelehrt und damit erlernt werden kann. Dies aber nicht notwendigerweise muss. Jesus Christus welcher zugleich Gott und Mensch, Mensch und Gott ist, stellt in diesem sprachlichen Gebrauch ein Bekenntnis des Glaubens dar. Es zielt auf Bestimmtheit. Stellt einen Schließungsversuch dar, der zugleich und allenthalben ebenso den Sprachfluss in Richtung Unbestimmtheit herausfordert und aufrecht erhält, besonders wenn versucht wird, ihm eine privilegierte Position einzuräumen. Dies soll hier jedoch nicht geschehen.

Vielmehr werden die nun folgenden Suchbewegungen Bewegungen in Richtung Erfahrungen sein, Erfahrungen von Lust und Liebe im Mangel, in gelingenden und misslingenden Begegnungen, sowie in Fülle, die dann dazu beitragen können, einen Lernprozess in Gang zu setzen, der Begegnungen mehr und mehr gelingen lässt, da es Erfahrungen mit dem Signifikat, mit der Sache selbst, der Allgegenwart von Liebe sind, die allenthalben, die ubiquitär werden, so dass nicht mehr nur von der Person Jesus Christus gesagt werden kann: Gott ist Liebe und Liebe ist Gott. Sondern auch von den Menschen, die dann Gottes Kinder sind und Gott nicht nur ähnlich sondern gleich sein werden. Dies ist ein Geschehen der Vermittlung zwischen Gott und Mensch in Jesus Christus, welches mit der Menschwerdung Gottes begonnen hat und mit der Gottwerdung des Menschen beendet sein wird. Dieses hier so sprachlich bekannten

Heilsprozesses konnte sich Luther mit seiner von ihm vertretenen Christologie durch die Ubiquität Jesu Christi gewiss sein.

Diese Arbeit wird sich jedoch lieber in Vor-Liebe weiter im Zwischen von Bestimmtheit und Unbestimmtheit fortbewegen und nun die Suchbewegungen aufnehmen, immer auch in Offenheit für unerwartete und unerhoffte Lust und Liebe herausfordernde Begegnungen, die nicht gesucht worden sind. Dabei geht es eher darum, dass Signifikat aufzuspüren, es zu erfahren und nicht um den Versuch den Signifikanten Gott, Mensch und Jesus Christus Vollkommenheit zu verleihen, um daraus Gewissheit ziehen zu können. Das ist mit einem Lernprozess in Einsicht und Verzicht verbunden, mit der Bereitschaft dazu.

2.4 Suchbewegungen in Richtung Allgegenwart von Liebe

Die Suchbewegungen auf der Ebene des Betrachtungsgegenstandes des Sozialen, des Beziehungsgeflechts von Menschen in Gemeinschaft/ in Gesellschaft, sollen deshalb mit Judith Butler beginnen, die hier folgendes Phänomen ausgemacht hat: „Man muss nicht souverän sein, um moralisch zu handeln, vielmehr muss man seine Souveränität einbüßen, um menschlich zu werden."[97]

2.4.1 Einsicht

Diese Einsicht Butlers ist die Summe ihrer Auseinandersetzung mit Adorno als auch Foucault zu der ethischen Frage „Was soll ich tun?"[98] Diese Frage setzt „voraus, dass bereits ein Subjekt entstanden ist und dass dieses Subjekt zur Selbstreflexion fähig ist"[99]. Ihre Auseinandersetzungen führen jedoch zu keinem befriedigenden Ergebnis. „So ist das Subjekt, das sich nicht durch und durch kennt und das nicht voll für sich einstehen kann, ein fragiles und fehlbares Subjekt der Ethik, charakterisiert eher durch seine Grenzen als durch seine Souveränität.(...) Wir müssen uns zwar um Selbsterkenntnis bemühen und Verantwortung für uns übernehmen, wir müssen zwar mit Einsicht über unser Tun und Lassen entscheiden, aber ebenso wichtig ist, dass wir verstehen, dass all unser Bemühen einen Einklang mit uns selbst zu erreichen, stets

---

[96] Zitiert aus: ebd. S.28.
[97] Zitiert aus: Judith Butler. Kritik der ethischen Gewalt. Frankfurt am Main 2003. S. 11.
[98] Zitiert aus: ebd. S.10.
[99] Zitiert aus: ebd.

durchkreuzt werden wird.(...)der Bescheidenheit und der Großzügigkeit einen Platz einzuräumen (...)scheint von zentraler Bedeutung"[100]

Die Erfahrungen des Subjekts mit Butler sind unbefriedigend. Es erfährt sich als fragil und fehlbar. Mangelerscheinungen werden sichtbar. Das Bedürfnis und der ethische Anspruch nach Fülle lassen sich nicht stillen. Der Versuch sich zu erklären, eine Geschichte über sich selbst zu erzählen, Rechenschaft von sich selbst abzulegen scheitert.[101] So hat der Körper eine Geschichte, an die es keine Erinnerung gibt. Des weiteren ist Reflexion immer erst im nachhinein möglich und zum Teil scheitert die Erzählung des Ich am Du des Anderen, „ein Ausgesetztsein sowohl in der gesprochenen wie in der geschriebenen Sprache"[102].

Einsicht in die Fehlbarkeit, den Mangel des Ich, sollte auch in die Einsicht an fehlender Fülle des Du führen. „Möglicherweise erlaubt uns eine gewisse Fähigkeit das Kontingente und Inkohärente der Identität zuzugestehen, auch Anderen Raum zu lassen"[103], der Ethik keine Gewalt anzutun.[104]

Die Suchbewegungen dieser Arbeit sollen nun dieser Vor-Liebe, diesem Raum der Begegnung von Ich und Du beispielhaft mit Butler folgen.

„Die Einsicht, dass man nicht jederzeit ganz der ist, der man zu sein glaubt, könnte umgekehrt zu einer gewissen Geduld gegenüber Anderen führen, so dass wir zunächst einmal von der Forderung ablassen, dass der Andere jederzeit selbstidentisch zu sein hat."[105] Butler stellt sich die Frage, ob aus dieser Einsicht heraus der Signifikant Ethik nun nicht neu gefüllt werden sollte? „Ich würde sagen ja, und ich würde sagen, dieser neue ethische Sinn entspringt einer gewissen Bereitschaft, die Grenzen der Anerkennung selbst anzuerkennen (...); und dieser neue ethische Sinn entspringt einer gewissen Bereitschaft einzugestehen, dass wir auch von Anderen nichts anderes erwarten können."[106] Dieser Raum der Begegnung, der einen Raum der Erfahrung von Ich und Du darstellt, der die eigene Undurchsichtigkeit ebenso anerkennt wie die

---

[100] Zitiert aus: ebd. S. 10f.
[101] Vgl. Judith Butler. Kritik der ethischen Gewalt. Frankfurt am Main 2003. S. 12-53.
[102] Zitiert aus: ebd. S. 23.
[103] Zitiert aus: ebd. S. 54.
[104] Vgl. Judith Butler. Kritik der ethischen Gewalt. Frankfurt am Main 2003. S. 54-93.
[105] Zitiert aus: ebd. S. 54f.
[106] Zitiert aus: ebd. S. 55.

Undurchsichtigkeit des Anderen, verwandelt diesen mangelhaften Zustand dadurch nicht in einen Zustand der Fülle, der Transparenz, sondern bleibt vielmehr eine Erfahrung der Grenzen des Wissens selbst.[107] Damit wird er zum Raum der Begegnung, zum Raum der Erfahrung von Verzicht für Ich und Du. „Indem wir auf diese Befriedigung verzichten (...) lassen wir die Andere leben"[108] Der gemeinsame Genuss dieser Erfahrung, dieses Aktes der Selbstbeschränkung, entfacht Bescheidenheit und Großzügigkeit[109]und eine weitere gemeinsame Erfahrung, „denn ich brauche Vergebung für das, was ich nicht vollständig wissen kann, was ich nicht vollständig gewusst haben könnte, und ganz ähnlich gilt für mich die Verpflichtung, Anderen zu vergeben, die sich ihrerseits zum Teil konstitutiv undurchschaubar sind."[110] Begegnung im Verzicht gemeinsam erfahren durch die Einsicht in die eigene Beschränktheit schafft Bedarf für gegenseitige Vergebung. Sie fordert die Vergebungsbereitschaft heraus und macht darauf aufmerksam, „dass sich nicht alle ethischen Beziehungen auf Urteilsakte reduzieren lassen."[111] „Es zeigt sich, dass uns eine ethische Reflexion über die Menschlichkeit des Anderen vielleicht letztlich nur über eine Erfahrung des Anderen unter Bedingungen des aufgeschobenen Urteils möglich wird(...). Ein Weg zu Verantwortlichkeit und Selbsterkenntnis liegt nun eben darin"[112]

Bedingungen des aufgeschobenen Urteils werden durch die wachsende Einsicht in den Bedarf an Vergebung geschaffen, welcher aus der Anerkennung eigener Beschränktheit und Undurchsichtigkeit, sowie der des Anderen in der Begegnung im Raum des gegenseitigen Verzichts erwachsen kann, sofern diese Begegnung als lustvoll erlebt wurde und nicht zum gegenseitigen Verdruss geführt hat. Vorbild und damit auch Lehrer im Verzicht kann Jesus Christus sein, dem es gelungen ist, auf die Befriedigung seiner ureigensten Bedürfnisse zu verzichten, wenn er dadurch willentlich eins mit Gott sein konnte und wollte: „Abba, Vater (...), dir ist alles möglich. Lass diesen Leidenskelch an mir vorübergehen. Doch dein Wille geschehe, nicht meiner."[113] „Indem wir auf diese

---

[107] Vgl. ebd. S. 56.
[108] Zitiert aus: ebd. S. 56f.
[109] Vgl. ebd. S. 56.
[110] Zitiert aus: ebd. S. 56.
[111] Zitiert aus: ebd. S. 60.
[112] Zitiert aus: ebd. S.60f.
[113] Zitiert aus: Markus 14,36.

Befriedigung verzichten (...) lassen wir die Andere leben"[114], kann so mit Butler auch über Jesus Christus gesagt werden, der auf sein Leben verzichtet hat, damit Menschen Vergebung erfahren und vor und zugleich von Gott geheiltes Leben unter den Bedingungen des bis zum göttlichen Gericht aufgeschobenen Urteils.

Erfahrungen von Vergebung und Verzicht schaffen Lebensraum. Mangel wird mit Vor-Liebe in der Begegnung von Ich und Du zwar nicht aufgehoben, aber zugleich in diesem Geschehen der Vermittlung mit Liebe aufgefüllt. Diese Liebe „lässt sich (...) als eine tiefe, personale Bejahung und Anerkennung des Anderen um seiner selbst willen fassen."[115] Dieser „Wesenskern der Liebe"[116], so wie ihn Ute Kruse-Ebeling thesenhaft vertritt, soll auch im Verlauf dieser Arbeit weiter gesucht werden.

So wie dieses Geschehen der Einsicht in die Beschränktheit von Ich und Du bedarf, so bedarf diese Unvollkommenheit von Ich und Du auch der Erfahrung eines Sprechaktes des Verzeihens[117], wie ihn Gerhard Gamm ausgehend von Georg Wilhelm Friedrich Hegel beispielhaft beschreibt. Darum soll mit einer weiteren Suchbewegung nun im Verlauf dieser Arbeit dem Phänomen des Verzeihens gefolgt werden.

2.4.2 Verzeihen

Auch Gamm bewegt sich wie Butler im Problemfeld der Unbestimmtheit, wenn er versucht „Die Unausdeutbarkeit des Selbst"[118]zu beschreiben. Dabei verfolgt er die Auseinandersetzungen der Moderne mit der Ethik von Aristoteles und Kant, um bei Hegel eine Ausgangslage zu entdecken, die ihm für seine weiteren Überlegungen „mehrfach attraktiv"[119] erscheint.

Die „Lebensweltethik"[120] eines Aristoteles speist ihren „normativen Eigensinn"[121] aus den „zentralen Bestimmtheiten des Lebens"[122]. Die Moderne hat „alle scheinbar natürlichen Markierungen des Lebens (...)verflüssigt"[123]. „Leben liegt nicht mehr an der

---

[114] Zitiert aus: Judith Butler. Kritik der ethischen Gewalt. Frankfurt am Main 2003. S. 56f.
[115] Zitiert aus: Ute Kruse-Ebeling. Liebe und Ethik. Göttingen 2009. S. 16f.
[116] Zitiert aus: ebd. S. 16.
[117] Vgl.Gerhard Gamm. Nicht nichts. Studien zu einer Semantik des Unbestimmten. Frankfurt/Main 2000.
[118] Vgl. ebd. S. 207-227.
[119] Zitiert aus: ebd. S. 211.
[120] Zitiert aus: ebd. S. 207.
[121] Zitiert aus: ebd. S. 208.
[122] Zitiert aus: ebd.
[123] Zitiert aus: ebd.

Kette ontologisch präfigurierter oder lebensweltlich evidenter Bestimmungen. Gelebt wird im Horizont des ‚Möglichkeitssinns' (...)Großbegriffe der ontologischen Tradition wie Gott, Kosmos, Natur, Selbst"[124] laufen aus. Die Signifikanten sind durchlässig geworden, das Signifikat entweicht.

Die Ethik Kants ist die eines Doppels, das ausgefochten wird „zwischen dem transzendentalen und dem empirischen Ich"[125]nach der Regel: „Werde mit dir selbst gleich (...) realisiere die Menschheit in deiner Person"[126]. Hier wird unterstellt, dass diese Gleichheit substantiell gesichert sei: „Die letzte Bestimmung aller vernünftigen Wesen ist demnach absolute Einigkeit, stete Identität, völlige Übereinstimmung mit sich."[127] Das Wesentliche für die Moderne ist nach Gamm „dass die Idee der Freiheit das transzendental-anthropologische Doppel in jeder Hinsicht überschreitet."[128] Erfahrung von Selbstverwirklichung im gegenüber vom Wissen um die Bestimmung des Menschen lässt Individualität und Subjektivität nicht mehr in Deckung bringen.[129] Auch der Signifikant Mensch ist beweglich geworden „Das Subjekt ist immer auf Achse, es ist immer anderswo. Das Anderswo ist das moderne Subjekt."[130]

Signifikat und Signifikant lassen sich nicht mehr mit Bestimmtheit konstituieren. Sie sind in Bewegung und damit unbestimmt. Gamm spricht von „der doppelten Unbestimmtheit (Verlust des Signifikats und des Signifikanten)"[131].

Was macht nun in dieser Situation für Gamm die Attraktivität Hegels aus?

Es sind seine Semantik des absoluten Unterschieds und sein Begriff wechselseitigen Anerkennens, die in dieser Situation von doppelter Unbestimmtheit behilflich werden. Da wo Individualität und Subjektivität aufgrund der Erfahrung in Selbstverwirklichung nicht mehr zusammenfallen können, wo alle Menschen gleich, aber jeder anders ist, kann Hegels Dialektik, sein Formular des absoluten Unterschieds, diese Spannung auflösen.[132] „Die Pointe der Dialektik besteht in der Einsicht, diesen Unterschied

---

[124] Zitiert aus: ebd.
[125] Zitiert aus: ebd. S. 209.
[126] Zitiert aus: ebd.
[127] Zitiert aus: ebd.
[128] Zitiert aus: ebd.
[129] Vgl. ebd. S. 210.
[130] Zitiert aus: ebd. S. 209f.
[131] Zitiert aus: ebd. S. 211.
[132] Vgl. ebd. S. 212.

zwischen den empirisch individuierten Personen x und y als das anzusetzen, was sie verbindet. Der Unterschied zwischen ego und alter ego ist das, worin sie übereinkommen. Das was sie trennt, eint sie."[133] Diese Einsicht in absolute Unterschiedenheit, in die Differenz von Ich und Du, kann so zu Übereinkommen führen. „Wenn du tust, was ich will, tue ich , was du willst"[134], sind dann solche Gesten wechselseitigen Anerkennens, in der „Zirkulation von Leistung und Gegenleistung, von Gabe und Gegengabe"[135]. Bestimmtheiten sind es nicht. Unbestimmt bleibt, ob diese Gesten durchgehalten werden. Nur mit einem „ungedeckten Vorschuss an Vertrauen"[136] lässt sich diese Zirkulation in Gang setzen, bei gleichzeitiger Akzeptanz der „Gefahr des Scheiterns"[137]. „Indem ich (...) den ersten Schritt tue, anerkenne ich die Unbestimmtheit des Anderen; ich gebe für diesen Augenblick alle Gewissheit auf, alter egos Verhalten im nächsten Augenblick bestimmen zu können."[138]Wechselseitiges Anerkennen, eine Geste die unbestimmt bleibt und an Bedingungen geknüpft ist, an die wechselseitige Erfüllung von Erwartungen. Doch:„Wir möchten aus freien Stücken anerkannt werden."[139] Dazu bedarf es eines Moments „der bedingungs- oder selbstlosen Freigabe des Anderen"[140].

Gibt es in diesem von Gamm mit Hegel beschriebenen Problemfeld der Unbestimmtheit, der Einsicht in absolute Unterschiedenheit von Ich und Du, deren radikaler Unausdeutbarkeit unter dem Übereinkommen wechselseitigen Anerkennens Erfahrungen dieses Moments? Suchbewegungen werden dies hier weiter verfolgen. „Hegel glaubt (...) am Sprechakt des Verzeihens den gesuchten Begriff explizieren zu können."[141] So ist Verzeihen eine performative Sprachhandlung, „wie Hegel sagt, an das *Wort* der Versöhnung gebunden. Alter ego muss ego loslassen, damit ego wieder *neu* anfangen kann."[142] Für Robert Spaemann ist Verzeihen an die Person gebunden: „Verzeihen heißt, den Anderen nicht festlegen auf das, was er ist, ein Feigling, ein

---

[133] Zitiert aus: ebd.
[134] Zitiert aus: ebd. S. 213.
[135] Zitiert aus: ebd.
[136] Zitiert aus: ebd.
[137] Zitiert aus: ebd.
[138] Zitiert aus: ebd.
[139] Zitiert aus: ebd. S. 214.
[140] Zitiert aus: ebd. S. 215.
[141] Zitiert aus: ebd.

Lügner oder ein Verräter, sondern ihm erlauben, dieses Sosein zu distanzieren und neu anzufangen. Das zu können, ist ja das, was die Person ausmacht."[143] Dieses Neuanfangen ist so freies Handeln, da aus den Erwartungen auf Wechselseitigkeit des Handelns entlassen. Für Hegel ist die Sprache „das Dasein des Geistes, und das *Wort* der Versöhnung, das *ausgesprochen* wird, ist der *absolute* Geist"[144]. Selbst Nietzsche argumentiert ähnlich: Narben an „Menschen des Ressentiments"[145]heilen nicht. „Überwertig ragt die Zeit, die Vergangenheit, in die Gegenwart hinein, sie lässt sie nicht los und blockiert alle Bewegungen des Sich-Öffnens."[146] Verzeihen ausgesprochen von alter ego lässt ego los, lässt Erwartungen der Vergangenheit auf sich beruhen, steigt aus dieser Zeit aus. Versprechen ausgesprochen beispielsweise von ego überfliegt mit oder ohne alter ego die Zeit in Richtung Zukunft.[147] Dies ist „Ausdruck einer Praxis, eines Sprechaktes, in dem ego und alter ego sich wechselseitig in ihre Freiheit und ihren unzähmbaren Eigensinn entlassen."[148] Dieses Aussteigen aus der Vergangenheit und Überfliegen zu einem Neu-Anfang Richtung Zukunft ist ein kommunikatives Geschehen der Vermittlung im Zwischen-Raum der Gegenwart, dass der Vergangenheit ihre Überwertigkeit entzogen hat. Alte Setzungen wurden aufgehoben, „oder wie Hegel auch sagt, ‚getilgt'."[149] „Diese kommunikative Praxis macht eine neue Zeitrechnung auf."[150] Anerkennung ist nicht mehr nur möglich, durch wechselseitiges Erfüllen von Erwartungen aneinander. Darauf kann verzichtet werden. Misslingendes Handeln kann verziehen werden. Die Einsicht in die radikale Unausdeutbarkeit des Selbst und des Anderen, beide zudem differenziert in ihrer absoluten Unterschiedenheit, ist zugleich das Verbindende, was ein Geschehen der Vermittlung im Verzeihen möglich gemacht hat. Hier zeigt sich, dass ein Verzicht auf die Erfüllung von Erwartungen nicht zu einem Mangel an Anerkennung führen muss. Worte der Vergebung sind Worte zur Versöhnung. Sie sind damit gleichsam Worte uneigennütziger, auf eine Gegengabe verzichtender,

[142] Zitiert aus: ebd. S. 216.
[143] Zitiert aus: Robert Spaemann. Schritte über uns hinaus. Gesammelte Reden und Aufsätze II. S. 20.
[144] Zitiert aus: ebd.
[145] Zitiert aus: ebd.
[146] Zitiert aus: ebd.
[147] Vgl. ebd.
[148] Zitiert aus: ebd. S. 217.
[149] Zitiert aus: ebd.
[150] Zitiert aus: ebd.

Anerkennung. Sie verzeihen diesen Mangel. Er ist für sie getilgt. Anders ausgedrückt: Dieses Vergeben beseitigt den Mangel zwar nicht, anerkennt ihn aber nicht mehr. Belässt ihn in der Vergangenheit. Löst ihn für die Zukunft ab und macht damit einen Neuanfang möglich. „Indem wir auf diese Befriedigung verzichten (...) lassen wir die Andere leben"[151] kann auch hier mit Butler gesagt werden, nachdem die Suchbewegungen bei Gamm im Sprechakt des Verzeihens ebenso wie bei Butlers Einsicht in die Unbestimmtheit des Selbst und des Anderen, diesen Bestimmtheitseffekt des Verzichts im Sprachfluss halten. Denn auch hier wird Verzicht nicht als Mangel erfahren, sondern, mit Lewis ausgedrückt in Vor-Liebe, im Geschehen der Begegnung in Wertschätzung, mit Liebe aufgefüllt, als ein lustvoller Genuss. „Der Andere wird nicht bejaht aufgrund eines persönlichen Nutzens (...), sondern um (...) seines ganz eigenen Seins willen, das in der Liebe als in und an sich zutiefst sinnvoll und gut erfasst wird."[152] Mit Spaemann ausgedrückt: „Die Liebe gibt der geliebten Person die Möglichkeit, Person zu sein(...). Sie lässt den Geliebten in einem Glanz erscheinen, den niemand sonst wahrnimmt.(...) Der Liebende wird die Erinnerung an den gesehenen Glanz bewahren (...) und er wird wissen, dass ihm damals die eigentliche Wirklichkeit gezeigt wurde, das ‚Ding an sich'"[153].

Für den Autor interessant ist auch der Sprachfluss in „theologischen Konnotationen"[154], wie ihn auch Gamm wahrgenommen hat. Diese Wahrnehmung erinnert an Jergus: „Der Einstieg über das Surfen auf die Frage hin, ob man ‚die Frau' oder ‚allgemein Verlieben' fokussieren solle, wählt hierbei eine Thematisierungsweise, die in Form einer aufschiebenden Figurierung eine Analogie von Verliebtheit und Surfen herstellt, deren Vokabular ununterscheidbar wird."[155] Jesus Christus, mit Lewis die Liebe in Person, ist im Sprachfluss allenthalben, ubiquitär. Mit Jergus ein weiterer Beleg dafür, dass „nahezu alles anhand und über Verliebtheit und Liebe thematisierbar wird"[156].

Des weiteren interessant, auch in Hinsicht auf die pädagogischen Erträge dieser Arbeit,

---

[151] Zitiert aus: Judith Butler. Kritik der ethischen Gewalt. S. 56f.
[152] Zitiert aus: Ute Kruse-Ebeling. Liebe und Ethik. Göttingen 2009. S. 17.
[153] Zitiert aus: Robert Spaemann. Schritte über uns hinaus. Gesammelte Reden und Aufsätze II. S. 20.
[154] Zitiert aus: Gerhard Gamm. Nicht nichts. Studien zu einer Semantik des Unbestimmten. S. 217.
[155] Zitiert aus: Kerstin Jergus. Liebe ist.Artikulationen der Unbestimmtheit im Sprechen über Liebe.S.193.
[156] Zitiert aus: Kerstin Jergus. Liebe ist.Artikulationen der Unbestimmtheit im Sprechen über

sind die „fünf Unterscheidungsgewinne"[157] die Gamm mit der „Rekonstruktion des Unbestimmtheitsdispositivs im Ausgang von Hegel"[158] bilanzieren kann.

So lassen sich erstens Freiheit und Gerechtigkeit begrifflich klarer erfassen. Freiheit nicht als Eigenschaft von Personen oder als etwas Gegenständliches, sondern als etwas sich Zeigendes „im Vollzug und in der Bindung an eine kommunikativ eingefädelte Praxis, in der sich ego und alter ego wechselseitig befreien und sich wechselseitig die Unausdeutbarkeit ihres Selbst eröffnen."[159] Und Gerechtigkeit nicht allein auf Verteilungsgerechtigkeit reduziert, denn: „Die in der Anerkennungsbewegung ‚manifeste' Wechselseitigkeit ist ein Tausch ohne Tausch; an ihr haftet kein Recht, etwas einzufordern."[160] Vielmehr bedeutet es jemandem gerecht zu werden, ganz im Sinne „der mit Einsicht verbundenen Güte, der Liebe des Einsichtigen"[161].

Zweitens wird es nun möglich, „den der Ethik eigentümlichen Ort genauer zu markieren."[162] Sprechakte des Verzeihens sind nur Angesicht in Angesicht möglich, sie sind nur konkret und nicht allgemein denkbar. Es geht nicht um Anerkennung als etwas Gegenständliches, zu Besitzendes im Allgemeinen, sondern es ist der konkrete Ort, an dem der „Kampf *des* Anerkennens"[163] um „ein beiderseitiges Nichtfestgelegt-werden-wollen"[164], so dass der Andere: „er zu sich, in die Freiheit von sich (...) entlassen wird."[165]

Erkenntnisgewinn bringend ist drittens die genauere Darlegung der „Logik oder Struktur der moralischen Verpflichtung"[166]. „Die Unbestimmtheitssemantik lehrt diese Struktur besser zu verstehen"[167]. Moralische Verpflichtung kann nicht mehr „wie ein Naturgesetz gedacht werden, dem ich mich beugen muss, weil ich nicht anders kann"[168], wenn im Sprechakt des Verzeihens zugleich erklärt wird „das ich ihr gegenüber absolut frei

---

Liebe.S.203.

[157] Zitiert aus: Gerhard Gamm. Nicht nichts. Studien zu einer Semantik des Unbestimmten. S. 218.

[158] Zitiert aus: ebd.

[159] Zitiert aus: ebd.

[160] Zitiert aus: ebd. S. 219.

[161] Zitiert aus: ebd.

[162] Zitiert aus: ebd. S. 220.

[163] Zitiert aus: ebd.

[164] Zitiert aus: ebd. S. 221.

[165] Zitiert aus: ebd.

[166] Zitiert aus: ebd.

[167] Zitiert aus: ebd.

[168] Zitiert aus: ebd.

bin."[169]

Dies führt viertens zu der Frage: „Wer ist das Subjekt bzw. der Adressat moralischer Forderungen?"[170] Angesichts der Unausdeutbarkeit des Selbst muss hier einerseits jeder Bestimmungsversuch scheitern. Anderseits ist dieses unausdeutbare Selbst im Verzeihen freigesprochen und kann damit „ ‚mehr' als das Wesen, das im Rahmen eines Systems funktional abgestimmter Erwartungen agiert und reagiert"[171]. Hier ist Übernahme von Verantwortung nicht mehr an Bedingungen geknüpft. Dies kann und muss hier überschritten werden: „Gut sein kann man nur grundlos; um das Gerechte zu tun, gibt es keinen anderen Grund als das Gerechte selbst."[172]

Fünftens schlägt Gamm einen „Unbestimmtheitstest"[173] vor: „Wie muß ich handeln unter der Annahme, dass der Andere ein unbestimmbar, ein unausdeutbar Anderer ist und bleibt?"[174] Hier kann heuristisch getestet werden, welche Erfahrungen mit bestimmten Handlungen gemacht werden. Dabei kann allenthalben auf folgendes geachtet werden: Was sind das für Erfahrungen, gemacht aus der Einsicht in die Unausdeutbarkeit des Selbst oder was sind das für Erfahrungen gemacht in Sprechakten des Verzeihens ? Dann zeigt sich, „dass die Unausdeutbarkeit des Selbst (...) kein Mangel, kein Defizit ist, aus ihr lässt sich vielmehr eine normativ gehaltvolle Orientierung gewinnen. Sie bindet die Freiheit des eigenen Selbst konstitutiv an die Freigabe des Anderen.(...)Das Verzeihen bekundet seinen Respekt vor der Unausdeutbarkeit des Anderen gerade darin, dass es ihn produktiv in eine offene Situation, in das Neu-anfangen-können, versetzt."[175] Diese Erfahrungen sind Bewegungen im Zwischen von Bestimmtheit und Unbestimmtheit, kommunikative Erfahrungen in der Begegnung im Geschehen der Vermittlung. Es sind Erfahrungen in Unvollkommenheit im geschaffenen Frei-Raum durch Einsicht und Verzeihen mit der „ *caritas sapientis* (der mit Einsicht verbundenen Güte, der Liebe des Einsichtigen)"[176].

---

[169] Zitiert aus: ebd.
[170] Zitiert aus: ebd.
[171] Zitiert aus: ebd. S. 222.
[172] Zitiert aus: ebd.
[173] Zitiert aus: ebd. S. 223.
[174] Zitiert aus: ebd.
[175] Zitiert aus: ebd.
[176] Zitiert aus: ebd. S. 219.

Ein von Gamm ganz im semantischen Sinne mit Gottfried Wilhelm Leibnitz[177] im Sprachfluss gehaltener Bestimmtheitseffekt.

Diesem sollen nun letzte Suchbewegungen in dieser Arbeit gelten, welche damit jedoch nicht den Anspruch verbinden, abschließende Suchbewegungen in Richtung Allgegenwart von Liebe zu sein, einer ubiquitären „Liebe des Einsichtigen"[178], des Gottes, der in Jesus Christus selbst „mit der miseria des Weltlaufs"[179] in einer „mit Einsicht verbundenen Güte"[180] mit der Unvollkommenheit von Ich und Du verwickelt ist. Dieses Phänomen bedarf daher besonderer Aufmerksamkeit und Beachtung.

In solcher Achtsamkeit[181], beispielhaft beschrieben von Elisabeth Conradi, sollen dabei auch die fünf Erkenntnisgewinne Gerhard Gamms diesen Suchbewegungen des Pädagogen und des Theologen in Richtung Erfahrungen der Güte, in Richtung Erfahrungen der Liebe des Einsichtigen, im Blick bleiben und pädagogisch gehaltvoll reflektiert werden.

2.4.3 Achtsamkeit

Darum soll hier mit dem Leitmotiv von Leibnitz[182] eingestiegen werden: ,justitia est caritas sapientis', was übersetzt ,Gerechtigkeit ist die Liebe des Wissenden' bedeutet, ebenso aber auch mit ,Liebe des Erkennenden' oder mit ,Liebe des Einsichtigen' wie bei Gamm gedeutet werden kann.

Elisabeth Conradi macht deutlich, dass sie Signifikanten wie Gerechtigkeit und Liebe mit neuem Sinn füllen wird. Liebe nicht im Sinn von Caritas sondern von Care und Gerechtigkeit nicht im Sinne von Achtung sondern von Achtsamkeit. Dabei geht es ihr um einen Mehrwert aus der Erfahrung der Bedeutsamkeit des Füreinander, „das Menschen füreinander außerordentlich bedeutsam sind."[183] Bei Gamm klang das so: „Levinas hat für das 20.Jahrhundert wie kein anderer diesen Gesichtspunkt der Einzigartigkeit des Anderen herausgestellt und Verantwortung als den Schock bestimmt, der mich durchfährt, wenn mir klar wird, dass ich für den Anderen Bedeutung habe,

---

[177] Vgl. Gottfried Wilhelm Leibnitz: Schriften zur Ethik und Rechtsphilosophie. In: Hauptschriften zur Grundlegung der Philosophie. Band II. Hamburg 1966.
[178] Zitiert aus: ebd.
[179] Zitiert aus: Jörg Baur. Ubiquität. In: Creator est Creatura. Berlin u.a. 2007. S. 186-301.Hier S. 201.
[180] Zitiert aus: Gerhard Gamm. Nicht nichts. Studien zu einer Semantik des Unbestimmten. S. 219.
[181] Vgl.: Elisabeth Conradi: Take Care. Grundlagen einer Ethik der Achtsamkeit. Frankfurt/Main 2001.
[182] Vgl.: Hans-Peter Schneider: Justitia Universalis. Frankfurt/Main 1967. S. 395.

wenn ich jäh durch meine Bedeutsamkeit für den Anderen getroffen werde."[184] Was

können diese Schockwellen klarwerdender Erkenntnis bewirken ? „Die moralische

Intuition, die der Begriff Achtung ausdrückt, wird erweitert und verändert."[185]

Achtung gründet auf einen Gerechtigkeitsbegriff der als gesetzt angesehen werden kann.

„Gerechtigkeit ist ein nahezu unangefochtenes Prinzip zeitgenössischer Ethik."[186] Hier

bezieht sich Conradi auf John Rawls[187]. „Aber auch Immanuel Kant gilt als Vater des

Gerechtigkeitsprinzips."[188] Hier greift sie zentrale Begriffe wie Autonomie, Reziprozität

und Gleichheit auf, die „in zeitgenössischer Pflichtenethik zumeist unter dem Begriff

der Gerechtigkeit zusammengefasst werden"[189]. Ihre Kritik und ihr Vorschlag lauten:

„Weil Menschen auf verschiedene Weise autonom sind und es in Care-Interaktionen

Unterschiede in der Machtstellung und im Geben und Nehmen gibt, brauchen wir - so

meine These – eine Ethik, in der Achtung nicht auf Autonomie, Gegenseitigkeit und

Gleichheit gründet und in die Zuwendung einbezogen wird."[190] Gamm hatte dazu

festgestellt: „sie lässt sich nicht auf Verteilungsgerechtigkeit reduzieren(...)sowenig kann

die Gerechtigkeit einzig als ein Kuchen gedacht werden, der in Form sozialer Güter

verteilt werden kann, wie Rawls, Walzer (...)glauben"[191]. Hier geht es über Gesten von

Wechselseitigkeit, über wechselseitige Anerkennung hinaus. Auf diese hatte er ja bereits

aufmerksam gemacht: „Wenn du tust, was ich will, tue ich , was du willst"[192], sind dann

solche Gesten wechselseitigen Anerkennens, in der „Zirkulation von Leistung und

Gegenleistung, von Gabe und Gegengabe"[193], „auf der Ebene des Kalküls

wechselseitiger Nutzenmaximierung"[194]. Oder mit Conradi: dies „wird in einem

zeitgenössischen pflegeethischen Lehrbuch beispielsweise so ausgedrückt: ‚Betreue

Patienten so, wie du selbst wünschen würdest, als Patient betreut zu werden.'"[195]

---

[183] Zitiert aus: Elisabeth Conradi. Take Care. Grundlagen einer Ethik der Achtsamkeit. S. 238.
[184] Zitiert aus: Gerhard Gamm. Nicht nichts. Studien zu einer Semantik des Unbestimmten. S. 220.
[185] Zitiert aus: Elisabeth Conradi. Take Care. Grundlagen einer Ethik der Achtsamkeit. S. 238.
[186] Zitiert aus: ebd. S. 61.
[187] Vgl. John Rawls: Eine Theorie der Gerechtigkeit. Frankfurt am Main 1979.
[188] Zitiert aus: Elisabeth Conradi. Take Care. Grundlagen einer Ethik der Achtsamkeit. S. 61.
[189] Zitiert aus: ebd.
[190] Zitiert aus: ebd. S. 238.
[191] Zitiert aus: Gerhard Gamm. Nicht nichts. Studien zu einer Semantik des Unbestimmten. S. 219.
[192] Zitiert aus: ebd. S. 213.
[193] Zitiert aus: ebd.
[194] Zitiert aus: ebd.
[195] Zitiert aus: Elisabeth Conradi. Take Care. Grundlagen einer Ethik der Achtsamkeit. S. 65.

Es geht hier aber mit Conradi um das Mehr im Geschehen der Achtsamkeit miteinander gegenüber der gegenseitigen Achtung voreinander. „Achtsamkeit ist etwas, das zwischen den Beteiligten geschieht und sich entfaltet."[196] Es ist der Genuss an dem Empfinden eigener Bedeutsamkeit, die durch die Zuwendung des Anderen Wertschätzung erfährt. Beiderseitige Zuwendung wird so zu einem Vermittlungsgeschehen, was Bedeutsamkeit und Wertschätzung im Miteinander in Vor-Liebe entfaltet. Und dies gerade unter Berücksichtigung der Unterschiede in der Autonomie von Ich und Du, von Geben und Nehmen, von Macht und Ohnmacht. „Achtsamkeit trägt der Bezogenheit von Menschen aufeinander, ja sogar der Abhängigkeit voneinander Rechnung."[197] Achtsamkeit ist ein Beziehungsgeschehen. „Achtsamkeit hat ihren Platz in gemeinsamem Handeln und innerhalb von konkreten Situationen."[198] Gamm hatte folgenden Erkenntnisgewinn bilanziert: „Nur von Angesicht zu Angesicht kann ich etwas verzeihen, etwas versprechen oder etwas verantworten."[199] Gemeinsames, wechselseitig ausgerichtetes Handeln ist für Conradi der Sinn des Signifikanten Care. „Der Imperativ ‚Take care!' im Sinne von ‚Paß gut auf Dich auf!' verweist darauf, dass Sorge sich nicht bloß auf andere richten darf."[200] Damit ist Care „von christlichen Konzepten der caritas ebenso zu unterscheiden wie von gebräuchlichen philosophischen Begriffen wie Wohlwollen (benevolence), Sympathie, Mitleid und Wohltätigkeit oder Solidarität und Altruismus."[201] Diesen Konzepten und Begriffen fehlt das Mehr, der interaktive Aspekt.[202] Es fehlt an Beweglichkeit, „weil seit Kant vor allem die Begründung universaler Normen zum Gegenstand der Ethik gemacht wurde."[203] Sie kritisiert die „konventionelle Moral der Güte"[204] Als „Teil der christlichen Tradition westlicher Gesellschaften (...) hat sie klare und unveränderliche Positionen von Subjekt und Objekt, von leidendem und helfendem Menschen, wobei ausschließlich die Perspektive und Motivation der helfenden Person berücksichtigt

---

[196] Zitiert aus: ebd. S. 238.
[197] Zitiert aus: ebd.
[198] Zitiert aus: ebd. S. 239.
[199] Zitiert aus: Gerhard Gamm. Nicht nichts. Studien zu einer Semantik des Unbestimmten. S. 220.
[200] Zitiert aus: Elisabeth Conradi. Take Care. Grundlagen einer Ethik der Achtsamkeit. S. 13.
[201] Zitiert aus: ebd.
[202] Vgl. ebd.
[203] Zitiert aus: ebd. S.16.
[204] Zitiert aus: ebd.

wird."[205] Diese Unveränderlichkeit und Bestimmtheit in der Einseitigkeit möchte sie aufbrechen, von der Achtung voreinander in ihrer Abgegrenztheit in Ich und Du sich hineinbegeben mit Laclau in die „Bewegung im Zwischen"[206] oder mit Luther in „das Geschehen der Vermittlung und Gemeinschaft"[207], in die Erfahrung im Problemfeld der Unbestimmtheit, die sie in der Achtsamkeit miteinander mit „Care als Dynamik der Bezogenheit"[208] aufeinander mit einem „Voneinander Lernen"[209] beschreibt.

Conradi geht es vorrangig um die relationalen Aspekte des Handelns, wobei sie Care als diese interaktive Praxis begreift: „Deshalb habe ich untersucht, in welcher Weise die Bereiche von Moral und Ethik so gedacht werden können, dass die Praxis Care hier als moralisch relevante Praxis Raum hat."[210] Sprachliche Anteile und gemeinsames Handeln sind bei ihr untrennbar verknüpft. „Dieses Miteinander ist (...)überaus bedeutsam."[211], besonders im Umgang mit Konflikten wie Differenzen, Bestimmtheiten, Unbestimmtheiten, wofür von ihr „ein Modell des Voneinander-Lernens erwogen wird."[212]Dieses Modell stellt auch „eine Alternative zur diskursethischen ‚Perspektivübernahme' dar.[213] „In beiden Ansätzen geht es um Unterschiede in Sichtweisen, Interessen und Deutungen einer Situation oder Handlung."[214] Einerseits wird jedoch „dekontextualisiert"[215]über Normen und Setzungen debattiert, während sich andererseits „gerade auch für deren Zusammenhang"[216]interessiert wird. Hier geht es um das Geschehen in der Begegnung in Vermittlung und Gemeinschaft selbst, um diese Erfahrungen in Bewegung in Vor-Liebe in diesem Zwischenraum von Bestimmtheit und Unbestimmtheit, von Bestimmtheitseffekten, die zugleich Schliessungs- und Öffnungsversuche darstellen und den Sprachfluss ubiquitär im Fluss halten. So „erlaubt ein Prozeß gegenseitigen Voneinander-Lernens eine Veränderung der eigenen

---

[205] Zitiert aus: ebd. S.16f.
[206] Zitiert aus: Kerstin Jergus. Liebe ist...Artikulationen der Unbestimmtheit im Sprechen über Liebe.S.67.
[207] Zitiert aus: Jörg Baur. Ubiquität. In: Creator est Creatura. Berlin u.a. 2007. S. 186-301.Hier S. 219.
[208] Vgl. Elisabeth Conradi. Take Care. Grundlagen einer Ethik der Achtsamkeit. S. 135-180.
[209] Vgl. ebd. S. 150-167.
[210] Zitiert aus: ebd. S. 235.
[211] Zitiert aus: ebd. S. 164.
[212] Zitiert aus: ebd.
[213] Zitiert aus: ebd. S. 165.
[214] Zitiert aus: ebd.
[215] Zitiert aus: ebd.
[216] Zitiert aus: ebd.

Auffassung und Praxis, ohne zu einer einheitlichen gemeinsamen Perspektive zu gelangen."[217] Dies zeigt Conradi beispielhaft am Modell der Freundinnenschaft das Lorraine Code[218] und Marilyn Friedman[219] entfaltet haben.

Für Code kann Freundinnenschaft ein Vorbild für ein Dialogmodell des Erkenntnisprozesses sein. „Die alltäglichen Wahrnehmungen und Erfahrungen werden durch Gespräche miteinander vertieft und erweitert."[220] Dabei geht es ihr um Fragen des Subjektbegriffs, der Reziprozität und der Symmetrie, wobei das Subjekt für sie keinesfalls als gesetzt gilt. „Sie sieht Subjekte vielmehr als solche, die oft ambivalent und sogar kontradiktorisch sind und Lücken in ihrem Selbstverständnis haben."[221] Gleiches gilt für Reziprozität und Symmetrie, da Freundinnenschaft durchaus auch asymmetrische und nicht-reziproke Elemente enthalten kann. Freundinnenschaft möchte Code „als eine gesellschaftliche Praxis beschreiben, in der kognitive, emotionale und soziale Fähigkeiten entwickelt werden."[222] Diese werden grundlegend im Umgang mit Konflikten. Auf der Grundlage gegenseitigen Vertrauens können Freundinnen „einander ihre Lebensweise und ihre Konflikte darstellen (...) kann die Freundin vom Verhalten der anderen lernen und eine zugleich engagierte und distanzierte, sowohl kritische wie auch positive Haltung einnehmen."[223]

Auch Friedman erscheint „eine Erweiterung des individuellen Erfahrungsschatzes durch Gespräche (...) ausgesprochen geeignet.(...) Dabei können Bedürfnisse, Wünsche, Ängste, Erfahrungen, Vorhaben und Träume von Freundinnen neue Sichtweisen eröffnen."[224], erstens auf die eigenen Auswirkungen in der Lebenspraxis, ausgelöst durch die Lebensweise der Freundin und zweitens auf die Wahrnehmung, wie eigene Lebenspraxis von der Freundin erprobt wird. Friedman spricht hier „von zwei Arten ‚induktiven' Wissens, das durch Freundinnen erworben werden kann."[225] So werden einerseits Lebensweisen vermittelt und andererseits „ein klares Bewusstsein der

---

[217] Zitiert aus: ebd. S. 166.
[218] Vgl. Lorraine Code: What Can She Know? Ithaca, London 1991.
[219] Vgl. Marilyn Friedman: What Are Friends For? Ithaca, New York 1993.
[220] Zitiert aus: Elisabeth Conradi. Take Care. Grundlagen einer Ethik der Achtsamkeit. S. 151.
[221] Zitiert aus: ebd. S. 152.
[222] Zitiert aus: ebd. S. 153.
[223] Zitiert aus: ebd.
[224] Zitiert aus: ebd. S. 158f.
[225] Zitiert aus: ebd. S. 159.

Differenz"[226] geschärft. Genau hier wird von Friedman „die Chance der Veränderung eigener Vorstellungen"[227] verortet.

Conradi selbst geht über Code und Friedman hinaus. „Freundinnen sprechen nicht nur miteinander, sondern sie leben miteinander, erleben Dinge gemeinsam und teilen die Erlebnisse miteinander."[228] Für sie ist dieser Prozess des gegenseitigen Voneinander-Lernens nicht nur ein sprachlicher, sondern auch ein praktischer, in Praxis Care, in Achtsamkeit. Die Möglichkeiten die sich daraus für eine Ethik der Achtsamkeit eröffnen beschreibt Conradi so: „Für eine Care-Ethik stellt sich die Möglichkeit als verlockend dar, aus der Verschiedenheit zu lernen, ohne sie auflösen zu müssen. Aus der Differenz der Perspektiven und Praktiken könnte ein kollektiver Lernprozess entstehen. Sehr vereinfachend auf den Punkt gebracht ließe sich sagen, die Care-Ethik präferiert Bezogenheit und Differenz vor Autonomie und Konsens."[229]

An dieser Stelle sollen die Suchbewegungen in Achtsamkeit beendet werden. Auch hier kann mit Butler gesagt werden: „Indem wir auf diese Befriedigung verzichten (...) lassen wir die Andere leben"[230]. Gemeint ist hier mit Conradi der Verzicht auf Einseitigkeit in der Sorge um den Anderen und damit der Verzicht auf Befriedigung eigener Bedeutsamkeit aus diesem Handeln heraus. Bedeutsamkeit und Wertschätzung werden im Geschehen des Miteinander erfahren, das ein Geschehen des Voneinander-Lernens ist. Hier zeigt sich, „dass dieser positive Seinssinn sich nicht einseitig als allein vom Liebenden selbst (...)verstehen lässt, sondern zugleich (...)als sich dem Liebenden vom Anderen her erschließender, vernehmbarer Sinn".[231]

Suchbewegungen in Einsicht, im Verzeihen und in Achtsamkeit wie sie hier vollzogen worden sind, haben der Fähigkeit des Verzichts des Selbst Bedeutung verliehen, da die hier ausgemachten Erfahrungen auf der Ebene des Betrachtungsgegenstandes des Sozialen erst diese Bedeutsamkeit für und durch das Leben des Anderen entfaltet und den Wesenskern der Liebe, „als eine tiefe, personale Bejahung und Anerkennung des

---

[226] Zitiert aus: ebd.
[227] Zitiert aus: ebd.
[228] Zitiert aus: ebd. S. 160.
[229] Zitiert aus: ebd. S. 166.
[230] Zitiert aus: Judith Butler. Kritik der ethischen Gewalt. S. 56f.
[231] Zitiert aus: Ute Kruse-Ebeling. Liebe und Ethik. Göttingen 2009. S. 17.

Anderen um seiner selbst willen "[232] aufgedeckt haben. Denn erst damit wird ein Geschehen im Miteinander möglich, ein Geschehen was in Gemeinschaft vermittelt wird, als ein Geschehen, was genussvoll erlebt wird, da es gegenseitige Wertschätzung durch Verzicht entfaltet, Verzicht auf Vollkommenheit in Fülle oder Leere, in Bestimmtheit oder Unbestimmtheit, in Durchsichtigkeit oder Undurchsichtigkeit, in Ausdeutbarkeit oder Unausdeutbarkeit, in Offenheit oder Geschlossenheit. Dies bedeutet auch Verzicht auf Autonomie und Konsens im Bewusstsein eines ubiquitären Geschehens in Bezogenheit und Differenz. Das Trennende bleibt hier allenthalben das Verbindende, das Geschehen in Vor-Liebe in der Bewegung im Zwischen, in Vermittlung und Gemeinschaft, was in Jesus Christus ubiquitär erlebbar ist, als dem Geschehen zwischen Gott und Mensch, zwischen der Menschwerdung Gottes und Gottwerdung des Menschen und was zwischen den Menschen erlebbar wird durch Verzicht. Mit Conradi kann dieser Verzicht ein kollektiver Lernprozess sein, der mit der Einsicht in die Begrenztheit des Selbst und des Anderen, mit Sprechakten des Verzeihens und mit Achtsamkeit im Handeln eingeübt werden kann.

3 Ausschau

Das Problem der Ubiquität zwischen Theologie und Pädagogik hat sich in dieser Arbeit als ein Problem der Beweglichkeit von Signifikat und Signifikanten herausgestellt.
Es kommt darauf an beweglich zu sein, beweglich zu bleiben, allenthalben bereit zu sein, sich als Pädagoge und sich als Theologe auf diese Beweglichkeit einzulassen.
Als Pädagoge bedeutet das, Schließungsversuche in Richtung Bestimmtheit zuzulassen, wie sie in dieser Arbeit beispielhaft an der Thematisierung von Jesus Christus anhand und über Verliebtheit und Liebe versucht worden sind, Bestimmtheitseffekte ernst zu nehmen, auch wenn Öffnungsversuche in Richtung Unbestimmtheit eher präferiert werden.
Als Theologe sind es eher die Öffnungsbewegungen hin zur Unbestimmtheit, die herausfordern Setzungen zu verlassen, wie beispielsweise das im Interview befragte Weihnachtsfest als ‚Fest der Geburt von Jesus Christus' und Erfahrungen mit Bestimmtheitseffekten zu machen, die auf eine neue Sinnfüllung, wie hier beispielhaft

---

[232] Zitiert aus: Ute Kruse-Ebeling. Liebe und Ethik. Göttingen 2009. S. 16f.

auf ein ‚Fest der Liebe-ein Familienfest', hinweisen können.

Diese Arbeit hat gezeigt, dass es Parallelen gibt, sobald Bereitschaft zur Beweglichkeit vorhanden ist:

Dann gelten erstens Signifikanten nicht als gesetzt, zweitens werden Sinnfüllungen, Signifikate, differenziert beansprucht und zugleich wieder hinfällig und drittens wird dieses Geschehen im Zwischen als Begegnung der Vermittlung in Gemeinschaft erfahren.

Auf das Geschehen dieser Begegnung kommt es an. Bewegung im Zwischen kommt nur durch Bereitschaft zur Beweglichkeit zustande und macht diese Begegnung der Vermittlung in Gemeinschaft erst möglich. Darauf kann nicht verzichtet werden.

Dagegen haben Suchbewegungen im Sozialen gezeigt, dass diese Begegnungsgeschehen selbst durchaus des Verzichts bedürfen:

So bedarf erstens die Einsicht in die Beschränktheit des Selbst und des Anderen des Verzichts auf Befriedigung vollkommener Durchsichtigkeit im Begegnungsgeschehen.

Zweitens bedarf das Verzeihen des Verzichts auf Befriedigung vollkommener Erfüllung eigener Erwartungen an den Anderen im Begegnungsgeschehen dieses Sprechaktes.

Und drittens bedarf die Achtsamkeit des Verzichts auf einseitige Selbstbefriedigung durch ein gemeinsames Begegnungsgeschehen des Voneinander-Lernens.

Diese Suchbewegungen haben aber auch gezeigt, das dieser Verzicht im Begegnungsgeschehen nicht als ein Mangel, der er auch bleibt, sondern als ein Bewegungsgeschehen von Liebe erfahren wird:

So schafft Einsicht in Beschränktheit Raum für Vergebung und Aufschub des Urteils.

Verzeihen schafft Raum für Versöhnung und Möglichkeit des Neu-Anfangen-Könnens.

Achtsamkeit schafft Raum des Miteinander und Voneinander-Lernen-Könnens.

Dieser durch Verzicht entstandene Raum hat die Möglichkeit einer Neufüllung mit Liebe eingeräumt, sodass Mangel nicht erfahren wird, sondern der Genuss von Vergebung und Versöhnung im Geschehen der Vermittlung des Miteinander, als eine Erfahrung der Anerkennung und Wertschätzung, als ein Lebensraum, der Aufschub, Neuanfang und Voneinanderlernen frei verfügbar möglich gemacht hat.

Folgendes kann also festgehalten werden:

Auf der Ebene der Betrachtungsart in Kapitel 1 und 2 hat sich gezeigt, dass es der

Bereitschaft zur Beweglichkeit bedarf, um Begegnung als Geschehen der Vermittlung von Gemeinschaft erfahren zu können.

Auf der Ebene des Betrachtungsgegenstandes in Kapitel 4 hat sich gezeigt, dass es der Bereitschaft zum Verzicht bedarf, um diese Begegnung als genussvolles Geschehen das Lebensraum schafft erfahren zu können.

Bereitschaft zur Beweglichkeit und Bereitschaft zum Verzicht, gegebene Eigenschaften oder erlernbare Qualifikationen? Beides? Melanchthon würde als Pädagoge von Qualifikationen sprechen, Luther als Theologe von gottgegebenen Eigenschaften, so wie beide es schon für Jesus Christus in seiner göttlichen und menschlichen Natur sprachlich formuliert hatten. Sicher sind sie auch beides. Nach erstmals gemachter Erfahrung von Anerkennung und Wertschätzung sicher motivierend, sich in Beweglichkeit und Verzicht zu üben, um erneut Anerkennung und Wertschätzung zu erfahren.

Ist der Autor aus theologischer Sicht an dieser Stelle bereit auf Gott und Jesus Christus in privilegierter Position zu verzichten ? Auf Jesus Christus als das Geschehen der Vermittlung von Gemeinschaft von Gott und Mensch, der ubiquitär Gott und Mensch zugleich ist und von dem wie in Kapitel 3 gesagt werden kann: Gott ist Liebe und Liebe ist Gott? Ja. Er wird auf die Setzungen dieser Signifikanten ‚Gott' und ‚Jesus Christus' verzichten, da das Signifikat ‚Liebe' nicht an diese Signifikanten gebunden, sondern beweglich ist und somit allenthalben Signifikanten in diesem Sinn füllen und zugleich wieder leeren kann.

Worauf der Autor auch aus pädagogischer Sicht nicht verzichten wird, sind die Erfahrungen genussvollen Geschehens der Vermittlung in Gemeinschaft, die Lebensraum bedeuten und Voneinanderlernen ermöglichen , indem Anerkennung und Wertschätzung entfaltet werden, da dies gemachte und/oder erkannte Erfahrungen von Liebe, von wertschätzender Vor-Liebe, für ihn sind. Hier wird von ihm das Signifikat vor den Signifikanten präferiert. Jedoch nicht um es in Unbestimmtheit zerfließen zu lassen, sondern um im Raum des Voneinanderlernens in Achtsamkeit den Bestimmtheitseffekten zu folgen, die im Sprachfluss allenthalben formuliert werden, damit das Signifikat erneut mithilfe dieser Schließungsversuche in einen Signifikanten einfließen kann. Dieser kann dann durchaus auch ein Signifikant ‚Jesus Christus' oder

‚Gott' sein, dessen Signifikat ‚Liebe' in einem Gewand erscheint, das im Raum des Voneinanderlernens in Achtsamkeit neu gefüllt worden ist.

In diesem Sinne kann dann durchaus Allgegenwart von Liebe oder besser Allenthalbenheit von Liebe sprachlich gebraucht werden, da ja Liebe als Füllung seine Gewänder überdauert, indem es sie differenziert beansprucht und zugleich wieder hinfällig werden lässt, um ubiquitär in neue Gewänder zu schlüpfen. Die Liebe bleibt in ihrem Wesenskern, der Bejahung allen Seins um seiner selbst willen bestehen.

Pädagogisch von Interesse bleiben sollte deshalb auch allenthalben der Raum des Voneinanderlernens in dem Gemeinschaft erfahren und eingeübt werden kann. In ihm bleiben Begriffe wie Bereitschaft, Beweglichkeit, Verzicht, Einsicht, Verzeihen und Achtsamkeit pädagogisch wertvoll, da sie Anerkennung und Wertschätzung im Geschehen der Vermittlung von Gemeinschaft erfahrbar machen und damit Liebe ubiquitär im Sprachfluss halten. Mit Worten von Kerstin Jergus: „ sie (die Artikulationen im Geschehen der Vermittlung- Anm. d. Autors) ereignen sich stets im Spannungsfeld zwischen Signifikation und Resignifikation."[233] In der Sprache von Jesus Christus:„Wo zwei oder drei in meinem Namen versammelt sind, da bin ich mitten unter ihnen."[234] Im Sprachfluss von Ute Kruse-Ebeling: „Es geht mithin um eine von der Vernunft reflektierbare, wiewohl jeder Reflexion zuvorkommende (...)Bewegung(...)der Liebe(...). Diese grundlegende Bejahung des Seins bzw. positive Seinsteilnahme kann bewusst vermittelt(...)werden."[235]

---

[233] Zitiert aus: Kerstin Jergus. Liebe ist...Artikulationen der Unbestimmtheit im Sprechen über Liebe.S.67.
[234] Zitiert aus: Matthäus 18,20.
[235] Zitiert aus: Ute Kruse-Ebeling. Liebe und Ethik. Göttingen 2009. S. 17.

4 Literaturverzeichnis

Baur, Jörg (2002): Ubiquität. In: Theologische Realenzyklopädie (TRE). Band 34. Berlin, New York: Walter de Gruyter

Baur, Jörg (2007): Ubiquität. In: Oswald Bayer und Benjamin Gleede (Hg): Creator est Creatura. Luthers Christologie als Lehre von der Idiomenkommunikation. Berlin, New York: Walter de Gruyter

Bayer, Oswald und Gleede, Benjamin (Hg): Creator est Creatura. Luthers Christologie als Lehre von der Idiomenkommunikation. Berlin, New York: Walter de Gruyter

Butler, Judith (2003): Kritik der ethischen Gewalt. Frankfurt am Main: Suhrkamp

Code, Lorraine (1991): What Can She Know? Ithaca, London: Cornell UP

Conradi, Elisabeth (2001): Take Care. Grundlagen einer Ethik der Achtsamkeit. Frankfurt am Main: Campus

Friedman, Marylin (1993): What Are Friends For? Ithaca, New York: Cornell UP

Gamm, Gerhard (2000): Nicht nichts. Studien zu einer Semantik des Unbestimmten. Frankfurt am Main: Suhrkamp

Jergus, Kerstin (2011): Liebe ist...Artikulationen der Unbestimmtheit im Sprechen über Liebe. Bielefeld: Transcript

Kempis, Thomas a (1790): Imitatio Christi. Buch II. Meditationen. In: Johann Jakob Stahel (Hg): Vier Bücher von der Nachfolge Christi: mit übungen und Gebethen. Würzburg und Fulda: Stahel

Kruse-Ebeling, Ute (2009): Liebe und Ethik. Eine Verhältnisbestimmung ausgehend von Max Scheler und Robert Spaemann. Göttingen: V&R unipress

Laclau, Ernesto (1998): Konvergenz in offener Suche. In: Oliver Marchart (Hg.): Das Undarstellbare der Politik. Wien: Turia+Kant

Leibnitz, Gottfried Wilhelm (1966): Schriften zur Ethik und Rechtsphilosophie. In: Hauptschriften zur Grundlegung der Philosophie. Band II. Hamburg: Felix Meiner

Lewis, Clive Staples (1979, 2.Auflage): Was man Liebe nennt. Zuneigung-Freundschaft-Eros-Agape. Basel und Giessen: Brunnen

Luther, Martin (1908): Wider die himmlischen Propheten, von den Bildern und Sakrament. In: Joachim Karl Friedrich Knaake et. al. (Hg): D. Martin Luthers Werke. Kritische Gesamtausgabe. 18.Band. Weimar: Hermann Böhlaus Nachfolger

Luther, Martin (1901): Das diese Wort Christi ,Das ist mein Leib' noch fest stehen wider die Schwärmgeister. In: Joachim Karl Friedrich Knaake et. al. (Hg): D. Martin Luthers Werke. Kritische Gesamtausgabe. 23.Band. Weimar: Hermann Böhlaus Nachfolger

Peters, Albrecht (1960): Realpräsenz. Luthers Zeugnis von Christi Gegenwart im Abendmahl. Berlin: Lutherisches Verlagshaus

Rawls, John (1979): Eine Theorie der Gerechtigkeit. Frankfurt am Main: Suhrkamp

Schneider, Hans-Peter (1967): Justitia Universalis. Frankfurt am Main: Vittorio Klostermann

Spaemann, Robert (2007): Antinomien der Liebe. In: Robert Spaemann (2011): Schritte über uns hinaus. Gesammelte Reden und Aufsätze II. Stuttgart: Klett-Cotta

Eigenständigkeitserklärung:

Hiermit versichere ich, dass ich die vorliegende Arbeit selbstständig verfasst und keine anderen als die angegebenen Hilfsmittel benutzt habe. Die Stellen der Arbeit, die dem Wortlaut oder dem Sinn nach anderen Werken (auch elektronischen Ressourcen) entnommen worden sind, wurden in jedem Einzelfall durch die Angabe der Quelle als Entlehnung von mir kenntlich gemacht.

_____   _____

Ort/Datum   Unterschrift

Herstellung und Verlag:
BoD - Books on Demand, Norderstedt
ISBN 978-3-7357-2134-1